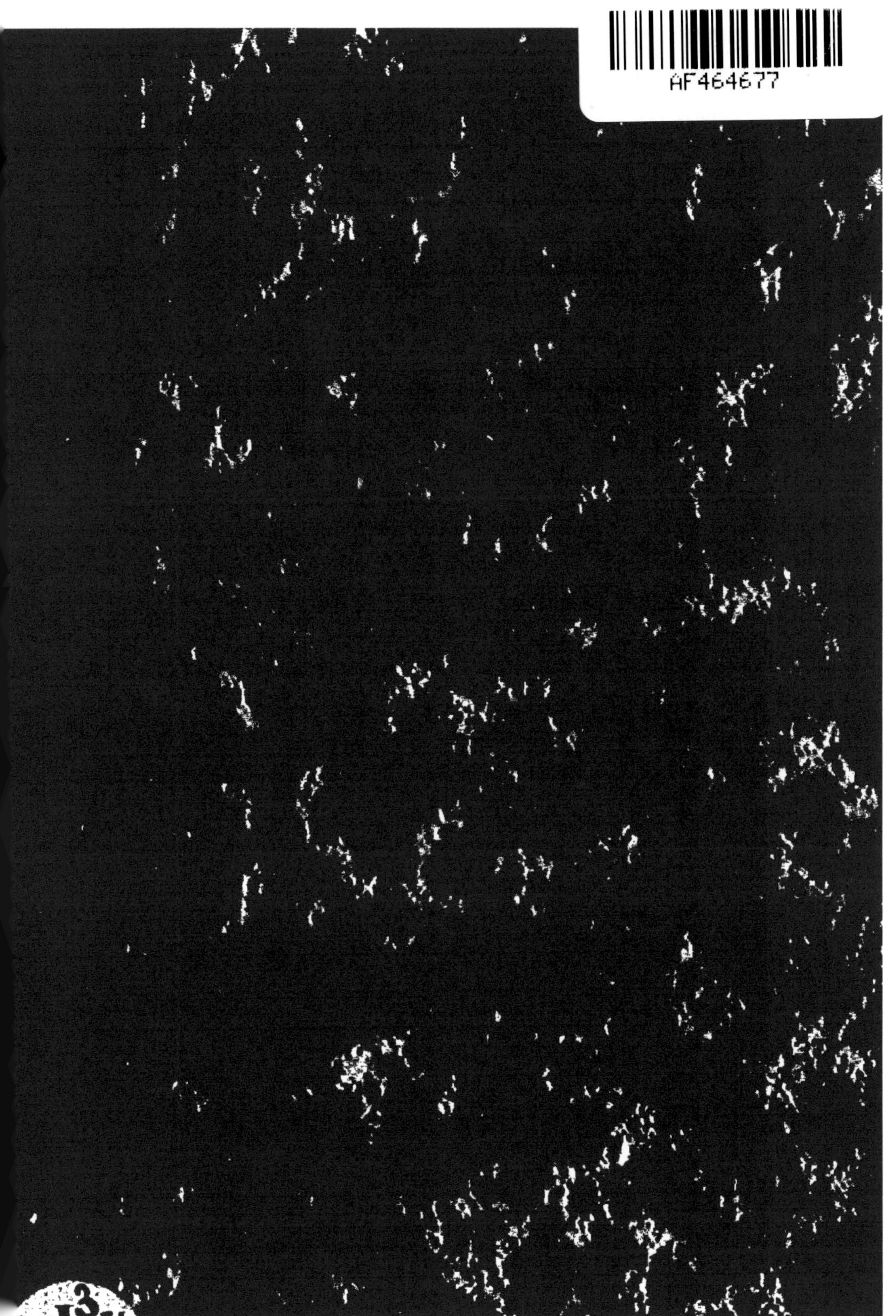

Recherches Historiques

SUR

L'ANCIEN ÉVÊCHÉ D'ARRISITUM

ET

LES GRANDS HOMMES QUI TIRENT LEUR ORIGINE DE CE BOURG.

par

L. CLAMENS, Instituteur

Mémoire honnoré d'une Mention par l'Académie du Gard, et d'une Mention à Montpellier, au concours établi par décret Impérial, en date du 30 Mars 1860, dans toutes les circonscriptions Académiques de l'Empire.

L'amour de la patrie est un sentiment inné dans le cœur de tous les hommes, et le pays natal, quel qu'il soit, est toujours celui qu'on *préfère*.

LE VIGAN,
IMPRIMERIE TYPOGRAPHIQUE D'ARGELLIÈS
1870.

Recherches Historiques

SUR

L'ANCIEN ÉVÊCHÉ D'ARRISITUM

ET

LES GRANDS HOMMES QUI TIRENT LEUR ORIGINE DE CE BOURG.

par

I. CLAMENS, Instituteur

Mémoire honoré d'une Mention par l'Académie du Gard

L'amour de la patrie est un sentiment inné dans le cœur de tous les hommes, et le pays natal, quel qu'il soit, est toujours celui qu'on *préfère*.

LE VIGAN, IMPRIMERIE ARGELLIÈS.

DÉDICACE

A Monseigneur PLANTIER

Évêque de Nîmes.

MONSEIGNEUR,

Des recherches historiques sur l'ancien évêché d'Arisitum seraient de nature à intéresser votre grandeur, si elles étaient écrites par une main plus exercée. Cependant, telles qu'elles sont, je me permets de vous les dédier, espérant que la pensée qui a présidé à ce travail, pensée qui a été d'être agréable à mon Évêque, fera pardonner les imperfections de l'ouvrage. Le nom de votre grandeur, placé en tête de ce mémoire sera pour lui une sauvegarde assuré et le gage d'un bon accueil. Puissent ces quelques pages intéresser votre grandeur ! Ce serait la plus précieuse récompense qu'ambitionne celui qui sera toujours,

de votre Grandeur,

Le très-humble et bien obéissant serviteur,
CLAMENS, *Instituteur.*

INTRODUCTION

L'homme sent en lui-même un besoin insatiable de connaître. Dans son désir de s'instruire, il tend sans cesse à reculer les bornes de ses connaissances. Chaque génération qui passe, veut ajouter quelque chose au trésor de science que lui ont légué les générations passées. De là ces efforts constants, ces études approfondies auxquels on se livre de nos jours, et les découvertes qui en sont le résultat, nous donnent une juste idée de ce que peut l'esprit de l'homme quand il sait vouloir et persévérer. Dans l'impuissance où il est de lire dans les secrets de l'avenir, l'homme sonde avec passion les abimes du passé. L'archéologue interroge les restes de ces monuments d'un autre âge, afin de reconstruire sur leurs débris l'histoire de ces temps reculés ; il déterré de la poussière où ils étaient ensevelis, ces vieux parchemins, afin de reproduire au grand jour les secrets qu'ils renferment. Et s'il est heureux de découvrir quelques faits inconnus dans l'histoire des peuples en général, combien n'est-il pas plus fier lorsque ces faits ont rapport au pays qui l'a vu naître! L'amour de la patrie est un sentiment inné dans le cœur de tous les hommes, et le pays natal, quel qu'il soit, est toujours celui qu'on préfère. Aussi, il n'est peut-être pas un homme qui ne désire de connaître, ce qu'a été autrefois son pays natal, qui ne cherche à savoir ce qu'ont été ses ancêtres et quelle place ils occupent dans l'histoire des peuples.

Né dans un petit village situé au centre des Cevennes, j'ai voulu savoir si, malgré sa modeste apparence, ce village n'avait pas un passé historique. J'ai interrogé l'histoire et elle m'a révélé des secrets que je suis heureux de porter à la connaissance de mes concitoyens.

J'ai divisé mon travail en quatre parties: Dans la première, je cherche à établir que le bourg d'Arrisitum, qui fut le siége de l'évêché du même nom, ne se trouvait pas sur le Larzac où on a voulu le placer; dans la seconde, je cherche à prouver qu'Arrisitum n'est autre qu'Arrigas; dans la 3e je fais connaitre les divers prélats qui ont successivement occupé le siége de cet évêché; dans la 4e, enfin, je fais connaitre les hommes illustres qui tirent leur origine d'Arrisitum.

PRÉFACE

Une tradition locale qui se perpétue depuis bien des siècles dans le village d'Arrigas, où je suis né, rapporte que ce village, autre fois plus grand qu'il ne l'est, était le siége de l'évêché d'Arrisitum. Cependant les auteurs qui ont parlé de l'existence de ce diocèse étaient à peu près unanimes pour placer ce siége épiscopal sur le Larzac, à l'ancienne paroisse de Saint-Etienne. Frappé de cette opinion qui allait à l'encontre de la tradition avec laquelle je m'étais familiarisé dès mon enfance, je voulus examiner, avec toute l'attention dont j'étais capable, ce que cette opinion pouvait avoir de vrai, et c'est alors que j'entrepris les recherches historiques que je livre aujourd'hui au public. J'avais à combattre une opinion émise par les auteurs modernes, mais je ne reculai pas devant cette tâche difficile, puisqu'il s'agissait du lieu de mon berceau.

A peine mon travail était-il ébauché, que M. le

curé Vinas, membre de la société archéologique du Midi de la France, homme très-compétent sur la matière, me fit dire par M. Baux, curé de Sauve, que c'était un temps perdu que de chercher à enlever au Larzac le siége d'arrisitum; c'était, disait-il, un fait acquis à l'histoire, et auquel il n'était plus permis de toucher. Il me fit même remettre par M. Baux, qui a toujours pris un vif intérêt à mon travail et qui n'a jamais cessé de m'encourager dans mes recherches, une note écrite au crayon, dans laquelle il m'indiquait le point précis où s'élevait autrefois le siége de cet évêché.

Je me trouvais donc, presque dès mon début, en face d'un homme dont le nom fait autorité dans les questions archéologiques, et dont il me fallait combattre l'opinion. La tâche était rude pour moi, simple instituteur, qui faisais les premiers pas dans une science qui, jusqu'alors, m'avait été presque inconnue. Mais les souvenirs de mon enfance, la tradition qui s'est perpétuée jusqu'à aujourd'hui dans le bourg d'Arrigas, soutinrent mon courage, et je continuai mes recherches avec d'autant plus d'opiniâtreté qu'on mettait de chaleur à combattre les prétentions de mon pays natal.

A cette époque, l'Académie de Nimes, voulant encourager les études historiques, mettait au concours cette question : Faire l'histoire d'un chef-lieu de canton ou d'une localité importante du département. Dès que je connus le programme de la question posée par l'Académie, je résolus d'envoyer mes recherches au concours, afin d'avoir, sur mon travail, l'appréciation de cette savante société. Le 1er septembre 1866, l'Académie, dans sa bienveillance, par la voix de son rapporteur, portait, sur la première partie de mes recherches, le jugement suivant : « La première » partie est négative,.... l'auteur soutient cette thèse : » Arrisitum n'était pas sur le Larzac. Cette thèse » est démontrée victorieusement : Le Larzac, plateau » calcaire de six lieues d'étendue, qui faisait jadis » partie du Rouergue et du diocèse de Rodez, et » qui était compris tout entier dans la province » d'Aquitaine, n'a pu être l'emplacement du siége » de l'évêché. Par des raisons tirées de l'Etymologie, » de l'histoire, de la géographie, l'auteur établit, » et d'une façon qui nous paraît définitive, son » opinion qu'Arrisitum n'était pas sur le Larzac. »

Après cette première question, il s'en présentait naturellement une autre : Où donc se trouvait ce siége épiscopal? M'appuyant alors sur la tradition qui se perpétue depuis bien des siècles dans le village où je suis né, j'ai dit : Arrigas est bien réellement l'Arrisitum du 6e siècle.

Le pays d'Arsat appartenait tout entier à la famille de Tonance Ferréol, et puisque Ansbert, petit fils de Tonance, demanda et obtint l'érection de ses terres en évêché, il dût incontestablement en placer le siége à proximité de son château : C'est, d'ailleurs, ce que nous apprend Sidoine Apollinaire. Mais où était situé ce Trévidon, demeure de la famille de Tonance et d'Ansbert? Tous les auteurs avaient voulu le trouver dans le village actuel de Trèves. Après avoir examiné avec beaucoup de soin les noms qui se rapprochaient le plus de la dénomination primitive; après avoir interrogé à ce sujet les habitants des campagnes environnantes, j'acquis la certitude que les ruines qu'on rencontre au quartier de Trévezels, sur le territoire de la commune de Camprieu, et connues sous le nom de verrerie, étaient les ruines de l'ancien château de Tonance : et je crois avoir été le premier à émettre cette opinion.

L'emplacement du château de Tonance fixé, la question que je m'étais posée devenait plus facile; c'était tout près des ruines de cet antique manoir, qu'il fallait chercher Arrisitum, et Arrigas se présentait naturellement, puisque ce village voyait autrefois s'élever le château d'Ansbert sur son territoire.

La baronnie d'Hierles, connue sous le nom de

terra Arisdii ou Erisdii, était considérée comme étant le centre du diocèse. Il importait donc de trouver le siége de cette baronnie. M'appuyant sur l'étymologie, le nom des lieux, les papiers de famille et la tradition, j'ai établi que le nom de Hierles, terra arisdii, n'avait été qu'un nom de transition entre Arrisitum et Arrigas, et que la baronnie d'Hierles et Arrigas désignaient un seul et même lieu. J'ai même déterminé, sur le territoire de cette paroisse, le point fixe où s'élevait le château d'Hierles.

Après venait l'Etymologie : Arrisitum, formé des mots situm arri, indique un bourg situé, bâti sur la rivière d'Arre. Or, de toutes les paroisses échelonnées sur cette rivière, je n'ai trouvé qu'Arrigas qui put revendiquer l'honneur d'avoir été le siége épiscopal de cet évêché.

Voilà, avec la tradition, les preuves principales dont j'ai appuyé mon opinion. Les autres preuves que j'ai groupées autour de celles-là ne sont que des preuves secondaires, destinées seulement à donner à mon assertion une certaine probabilité. Sur cette seconde partie de mon travail j'ai été peut-être moins heureux que sur la première. L'académie de Nimes formula en ces termes son jugement sur cette partie de mon mémoire :

» Témoignages historiques groupés et présentés » avec art ; traditions locales rendues vivantes par le » témoignage du passé, examen attentif des sites, » des ruines, des pans de mur encore debout, » coutumes ecclésiastiques et nobiliaires consultées » avec soin, étymologie, géographie, histoire, archéologie, science héraldique, numismatique, tout est » mis à profit par l'habile travailleur pour établir » et confirmer son opinion. Cela est plein d'intérêt, » de talent, d'originalité et de savoir, mais cela » n'est pas concluant. La question est et demeure » à l'étude. Ce n'est pas ici le lieu d'entrer en » discussion ; mais quel que soit l'amour prononcé » de l'auteur pour Arrigas, *qui d'ailleurs de tout temps » a revendiqué l'honneur d'avoir été le siége épiscopal » de Déotaire*, il faut encore conclure ces belles re- » cherches par un point d'interrogation. »

L'académie en reconnaissant qu'Arrigas a, de tout temps, revendiqué l'honneur d'avoir été le siége épiscopal de Déotaire, ne semble-t-elle pas se prononcer d'une manière indirecte en faveur d'Arrigas?

Depuis cette époque, j'ai apporté certaines modifications à mon travail, afin de rendre ma seconde proposition aussi concluante que possible. J'ai appuyé un peu plus sur l'étymologie ; j'ai examiné si parmi les paroisses situées sur l'Arre il y en avait qui pussent revendiquer l'honneur d'avoir été le siége principal d'Arrisitum. J'ai prouvé par de vieux pans de mur découverts à l'église d'Arrigas, que cet édifice, relevé en 1640, sur l'emplacement de l'église détruite par Rohan, recouvre les restes d'un monument dont l'origine remonte aux premiers temps du christianisme, ce qui permet de le considérer comme l'ancienne cathédrale de Déotaire. J'ai donné un peu plus de développement à l'étymologie et à la tradition; en un mot j'ai fait tout ce qu'il m'a été possible pour rendre mon opinion certaine.

Depuis l'envoi de mon mémoire à l'Académie, une nouvelle brochure, traitant la même question, a été publiée; elle a pour auteur M. le Comte Ludovic de Péguciroles. J'ai eu il y a quelques jours à peine, l'occasion de parcourir cet écrit, quoiqu'il date de 1868.

Le Larzac : tel est le titre de cette brochure. A la vue de ce titre, ma première pensée a été que cet archéologue venait à son tour placer le siége épiscopal d'Arrisitum sur le Larzac. Quelle a été ma surprise, en lisant à la page 16 la phrase suivante : — « Je partage les mêmes idées que » M. Clamens, du moins sur un point de sa dis» sertation, à savoir que le bourg d'Arrisitum n'a

» jamais existé sur le plateau du Larzac.»

L'auteur commence d'abord par passer en revue les écrits qui ont paru, traitant la question de l'évêché d'Arrisitum ; il combat ensuite l'opinion de M. Mandajors qui voulait trouver Arrisitum à Alais, sa ville natale ; il consacre près de 9 pages à réfuter l'opinion du baron de Gaujal, qui avait voulu trouver les ruines d'Arrisitum à St-Etienne-du-Larzac. Enfin, dans les dernières pages de son mémoire, il s'applique à tracer les limites du diocèse; son but étant, dit-il, d'étudier le Larzac. et non point de chercher l'emplacement d'Arrisitum, il ne lui appartient pas *de poursuivre ce mystérieux évêché sur les territoires circonvoisins.*

Dans cette dernière partie du travail de M. le Comte de Pégueiroles, j'y trouve quelques données qui viennent fortifier l'opinion que j'ai émise en faveur d'Arrigas. Ainsi, je lis à la page 27 : « Nous » avons vu que cet Arrisitum était une sorte d'a» panage inféodé à la famille de Tonance Ferréol; » il est donc naturel d'y faire entrer ce Trévidon, » dont parle Sidoine Appollinaire, comme étant le » lieu de résidence du sénateur Gallo-romain.»

Sans doute Trévidon faisait partie du diocèse; et puisque ce fut sur la demande d'Ansbert, petit-fils de Tonance, et en faveur de sa famille, que l'évêché d'Arrisitum fut érigé, c'est tout près de sa résidence que devait en être situé le siége épiscopal; Arrigas alors se présente tout naturellement puisque c'était sur ses dépendances que s'élevait le château de Trévidon.

A la page 28 je trouve encore : « Plusieurs noms » de lieu, épaves très-probables de l'ancien Arri- » situm se trouvent dans le Gard actuel, ce sont : » Arrigas, Arre, la rivière d'Arre, la baronnie d'Hi- » erles, jadis terra Erisdii, le vicaria Arisdii.»

J'ai déjà dit qu'Arrigas et Hierles n'étaient qu'un même lieu, et Arre, paroisse de nouvelle création, dépendait jadis de l'église d'Arrigas. Donc, toutes ces épaves très-probables sont en faveur d'Arrigas.

Après avoir fixé les limites probables du diocèse, l'auteur dit à la page 32 de sa brochure : « Or, » dans ce territoire ainsi délimité, nous retrouvons » des lieux dont les noms rappellent évidemment » l'appellation primitive : la baronnie et la rivière » d'Arre, Arrigas, la baronnie d'Hierles, le vicaria » Arisii. »

Nous avons vu que la baronnie d'Hierles était Arrigas, et que Arre était jadis une dépendance de ce village. La baronnie d'Arre érigée par le roi Louis XIII, en faveur de Charles d'Albignac, pour récompenser ce capitaine de sa belle conduite au siége de Creissels, lorsque le château fut assiégé par Rohan, avait son siége au pont d'Arre, commune d'Arrigas, siége qui fut quelque temps après transféré au centre du village d'Arrigas. Donc, de tous ces lieux dont les noms rappellent l'appellation primitive, il ne reste Arrigas dans lequel viennent se perdre tous les autres.

Il est question, il est vrai, du vicaria Arisii; mais on sait qu'autre fois, dans certaines églises cathédrales, il y avait des bénéfices appelés vicairies qui relevaient de ces églises épiscopales. Le vicaria Arisii devait être très-probablement un bénéfice ou vicarie relevant de la cathédrale d'Arrisitum. Ce n'est donc pas sur le territoire de ce vicaria, mais dans les environs qu'il faut chercher le siége épiscopal de l'évêché.

Il est dit encore à la page 31 de ce mémoire : « J'ai « donné les raisons qui y faisaient entrer (dans le « diocèse d'Arrisitum) le lieu de Trévidon; il y a « plus, si Nant et le Vigan sont admis comme en « faisant partie, il faudra bien accepter les lieux « intermédiaires, Alzon, Trévidon, Arrigas. »

Nant, situé sur le Larzac, ne peut recouvrir les ruines d'Arrisitum, puisque l'auteur partage l'opinion que ce siége épiscopal n'était pas sur le Larzac. En admettant la délimitation qu'il donne de l'étendue de ce diocèse, le Vigan, placé tout à fait sur la limite, ne convient guère, par sa position, à la fixation du siége épiscopal de l'évêché. On devra donc le trouver dans les lieux intermédiaires, c'est à-dire à Alzon, à Trévidon ou à Arrigas. Mais Idoine nous apprend que le siége de l'évêché d'Arrisitum ne s'élevait pas à Trévidon, qui était la demeure de Tonance et d'Ansbert, mais dans les environs de l'habitation du sénateur Gallo-romain.* Reste donc Alzon et Arrigas, et c'est aussi sur ces deux paroisses que semblent s'arrêter de préférence les yeux du savant archéologue. Je lis à la page 35 de sa brochure : — « Le curé d'Arrigas peut avoir « raison en prêchant pour sa paroisse, *mais rien « ne le prouve.* M. Germer-Durand croit que le Vigan « actuel recouvre les ruines d'Arrisitum; c'est pos- « sible....; cependant, en acceptant comme probables « les limites que j'ai données du diocèse, on pour- « rait trouver que le Vigan est bien éloigné du « centre A ce dernier point de vue, Arrigas serait « préférable. » Et comme si l'auteur craignait d'en avoir trop dit en faveur d'Arrigas pour lequel il paraît avoir une espèce de prédilection qu'il laisse apercevoir à chaque instant, il se hâte d'ajouter : mais « s'il s'agit seulement de jeter un nom en avant sans « l'appuyer sur des preuves réelles, pourquoi ne

« présenterions-nous pas un nouveau prétendant à « la succession d'Arrisitum? Le village d'Alzon est « aussi central qu'Arrigas; il est situé au fond d'une « vallée, et, s'il ne peut lutter contre la richesse « du Vigan, son nom a l'avantage de rappeler presque « complétement celui du lieu *que nous cherchons.* »

Donc, à son tour, l'auteur de la brochure, le Larzac, malgré l'assertion qu'il émet à la page 26, de son mémoire, a voulu aussi s'occuper de l'emplacement d'Arrisitum, et, on le voit, son opinion est partagée entre Alzon et Arrigas.

Voyons de quelle manière Alzon se rapproche d'Arrisitum comme consonnance. Nous laissons toujours la parole à M. de Pégueirolles: « On sait « qu'en philologie, l'L et l'R, ont la même valeur, « et il suffit, pour s'en convaincre, d'écouter les « montagnards des Cevennes. Dans leur idiome, la « prononciation d'Alzon se transforme en Arsoum; « avec un peu de bonne volonté n'est-ce pas *Arri-* « *situm*? »

Les montagnards des Cevennes ne prononcent pas Arsoun, mais bien Alzou, et je trouve qu'il faut une fameuse dose de bonne volonté pour trouver dans ce nom un certain rapprochement avec Arrisitum. Je n'ai pas ici à m'occuper des prétentions d'Alzon: cette question est traitée dans le cours du mémoire; j'ai établi, au moyen de l'Etymologie d'abord, qu'Arisitum ne pouvait pas se trouver à Alzon, ensuite que l'Alzonensis et l'Arrisitensis étaient deux pays limitrophes, mais tout à fait différents l'un de l'autre. Si donc Alzon doit être mis hors de question, il ne restera, d'après M. de Pégneiroles, que le village d'Arrigas, pour réclamer l'honneur d'être l'ancien Arrisitum.

On voit, par ces divers passages que si M. le Comte de Pégueirolles professe mes idées sur la première partie de ma dissertation, il n'est pas loin de les partager sur la seconde. Il ne se prononce pas, il est vrai, en faveur d'Arrigas, mais ce nom lui revient à tout instant, c'est celui qui parait le plus attirer son attention.

Après une lecture réfléchie de la brochure de M. de Pégueiroles, j'ai cru m'apercevoir que la question d'Arrisitum n'avait été, pour l'habile archéologue, qu'une question secondaire; l'idée principale, le but de l'auteur, si je ne me trompe, a été de déprécier le mémoire que j'ai adressé à l'Académie, de lui enlever la valeur qu'il peut avoir. Voici ce que je lis à la page 16 de sa brochure : « Le mé« moire de M. Clamens.... quoique remarqué par « l'Académie du Gard, n'a pas grande valeur, « parait-il; du moins M. Germer-Durand, membre « de la commission qui a eu à le juger, le tient

« en médiocre estime. » Et il ajoute à la même « page : « Je ne connais pas le mémoire de M. « Clamens. »

J'aurais mauvaise grâce à me poser comme juge de mon propre travail ; c'est le public qui doit être le juste appréciateur de la valeur de mon mémoire ; et afin que chacun puisse le juger avec connaissance de cause, je me décide à livrer à l'impression des recherches qui étaient destinées à rester inconnues. J'ai un grand respect pour M. le comte de Pégueirolles ; je professe une sorte de vénération pour M. Germer-Durand, dont je connais la savante érudition, mais, sans avoir la prétention de m'élever à la hauteur de ces hommes sérieux et profonds, ce qui serait une prétention très-mal placée, j'ai cru qu'il m'était permis d'apporter, dans une question qui intéresse mon pays natal, mes très-humbles observations.

Et aujourd'hui encore je n'en persiste pas moins à croire, et cela jusqu'à preuve du contraire, qu'Arrigas est réellement l'Arrisitum du 6e siècle.

Mais je trouve dans la brochure de M. de Pégueirolles une opinion que ce savant archéologue se complait à répéter, opinion qui m'a bien plus attristé que la critique qu'il fait de mon travail. Non content de déclarer le mémoire de peu de valeur, il en attribue tout l'honneur à M. Bourilhon, curé d'Arrigas. Ainsi, il dit à la page 7 de sa brochure : « Pour en finir avec les modernes, il faut « mentionner une lettre de l'abbé Bourilhon, curé « d'Arrigas, lettre citée dans la vie de Monseigneur « de Chaffoy, par le chanoine Coudere de la Tour « Lisside, et un mémoire *inspiré entièrement par cette « lettre*, qui été présenté à l'Académie du Gard, par « M. Clamens, instituteur à Sauve, mais originaire « d'Arrigas. »

Pour combattre victorieusement cette opinion, il me suffira, je l'espère, d'affirmer *sur l'honneur*, que la lettre en question ne m'est jamais tombée sous les yeux, qu'elle m'est complètement inconnue. Comment aurais-je fait pour m'inspirer d'un document dont j'ignorais l'existence? Je ne possède pas le don de devination; et puis, comment l'auteur peut-il savoir que j'ai été inspiré en entier par cette lettre?

A la page 15, l'auteur revient encore à cette idée, et dit : « Le mémoire de M. Clamens, *inspiré en entier par l'abbé Bourrihon*, etc. » Je ne sais qui peut avoir suggéré cette idée à M. de Pégueirolles, opinion contre laquelle je proteste. Serait-ce M. Bourilhon lui-même, dans la lettre qu'il lui a adressée? Je ne le pense pas; je connais à M. le curé d'Arrigas trop de loyauté et de justice pour croire qu'il est eu jamais la pensée de s'attribuer un honneur qu'il sait ne pas lui appartenir. Du reste, le 6 Février 1868, M. Bourilhon m'écrivait : « La verrerie n'aurait-elle pas remplacé le « Trévidon ; » opinion que j'avais avancé dans mon mémoire. Mais à cette époque, M. le curé d'Arrigas ignorait complètement les preuves que j'avais émises à l'appui de mon opinion. Mais alors il n'avait pas inspiré mon travail en entier, car il l'aurait connu. Dans le courant de la même année, après avoir lu les deux premières parties de mes recherches, que je lui avais adressées, il me disait : « Vous « avez eu une bonne idée de trouver Trévidon non « à Trèves, mais au quartier de Trévezels, commune « de Camprieu. » M'aurait-il tenu un pareil langage s'il avait inspiré tout ce que j'ai écrit ?

Enfin dans les premiers jours de novembre 1869 il m'écrivait encore : « Je m'associe à votre opinion « qui place à Camprieu la seigneurie des curés « d'Arrigas, connus avant 89, comme seigneurs de « camp et rivière. » Voilà encore une opinion qui ne m'a pas été inspirée par M. Bourilhon, il le reconnait très-bien lui-même.

Dès que j'eus connaissance de la brochure de M. de Pégueirolles, je voulus savoir qui avait pu lui inspirer une telle pensée, et j'écrivis à M. Bourilhon pour lui demander s'il partageait l'opinion de cet auteur. Dans sa réponse, datée de 6 Décembre 1869, il me dit que répondre affirmativement à cette question, ce serait aller *contre la vérité* et même *contre la justice*; que les notes que j'ai reçues de lui sont loin de constituer un mémoire, et que, s'il a fait le voyage de Sauve pour venir me féliciter, il savait fort que ces félicitations me revenaient personnellement. Il avoue dans la même lettre, ce qui est vrai, qu'il ne connait encore que les deux premières parties de ces recherches. S'il les avait inspirées en entier, assurément il les connaitrait.

Dans cette même lettre, se trouve une phrase tellement élogieuse pour moi, que j'ai hésité longtemps à la reproduire, mais comme elle fait connaitre toute la pensée de M. Bourilhon, qui du reste m'autorise à faire de sa lettre tel usage que je jugerai convenable, je demande à mes lecteurs la permission de la faire connaitre; la voici : On ne vous croyait pas capable d'un mémoire aussi complet, voilà pourquoi l'on ne veut pas que *vous en soyez l'auteur*. Donc il reconnait que je le suis? Je ne dois pas supposer qu'en écrivant à M. de Pégueirolles, M. Bourilhon ait pu tenir un langage différent.

Il m'a envoyé dans le temps, il est vrai, des

notes que je lui avais demandées, et pour lesquelles je lui adresse ici mes sincères remerciments; mais ces notes étaient prises dans les registres curiaux de sa paroisse, registres qui sont du domaine public et que tout le monde a le droit de consulter. En me les adressant, il n'a fait que m'éviter la peine d'aller les recueillir moi-même, peine que je me serais certainement donnée.

Je comprends que s'il s'agissait d'une découverte, d'une opinion nouvellement émise, l'honneur en reviendrait à M. Bourilhon qui l'aurait proclamée avant moi; mais lorsqu'il s'agit d'une tradition dont la source se perd dans la nuit des temps, il ne saurait en être de même. M. le curé d'Arrigas, pas plus que moi, n'est l'auteur de cette tradition. A son arrivée dans cette paroisse, au mois de Septembre 1833, il trouva cette tradition implantée dans le cœur de ses paroissiens; il recueillit cette tradition qui était alors toute vivante et palpitante d'intérêt; il répéta ce qui se disait dans ce village depuis bien des siècles, donc il n'est pas le premier à avoir parlé de cette tradition. Depuis, il a cherché à réunir quelques preuves à l'appui de cette opinion, il a pris quelques notes, notes qu'il a communiquées à bien des personnes, mais je ne sache pas qu'il ait jamais eu la pensée de les mettre en ordre pour en former un corps de doctrine. Si j'avais pu penser que l'abbé Bourilhon voulut traiter cette question, je lui aurais laissé le champ libre; évidemment il s'en serait tiré avec plus d'honneur.

Né à Arrigas, j'ai dû, comme lui, avoir connaissance de la tradition qui s'y perpétue depuis tant de siècles, mais je n'en ai eu connaissance qu'après lui, puisque à son arrivée dans cette paroisse j'avais à peine un mois. Mais en grandissant, je me suis familiarisé avec cette opinion, qui est devenue aujourd'hui une conviction pour moi. J'ai cherché à établir cette idée, à l'appuyer de certaines preuves, et c'est lorsque ce travail a été entrepris que j'ai prié l'abbé Bourilhon de me communiquer les notes qu'il avait pu recueillir. Il l'a fait avec un empressement dont je me plais à lui témoigner ma profonde gratitude, mais les notes qu'il m'a adressées, comme il le reconnait d'ailleurs, lui-même, sont bien loin de constituer un mémoire.

Avant de livrer ces recherches historiques au public, j'ai cru ces quelques explications nécessaires. Maintenant il ne me reste qu'à prier mes lecteurs de vouloir bien les accueillir avec bienveillance. Simple instituteur, on ne voudra pas, j'espère, exiger, pour ce travail, une perfection au-dessus de mes forces; on verra dans cet écrit, un petit monument élevé à la gloire du lieu de mon berceau, et cette pensée toute patriotique, pourra, peut-être, me concilier l'estime de mes concitoyens, et la bienveillance du public.

PREMIÈRE PARTIE

Arrisitum n'était pas sur le Larzac

L'histoire nous apprend qu'au commencement du sixième siècle, un bourg nommé Arrisitum, fut honoré d'un siège épiscopal. Le diocèse prit, suivant l'usage, le nom du bourg qui en était le principal lieu. Ce nom s'étendit, dans la suite, à tout le pays, qui fut appelé pays d'Arsat, diminutif d'Arrisitum.

Les historiens qui ont parlé de l'existence de ce diocèse, l'ont désigné sous les différents noms d'Arrisidium, d'Arisium, d'Arrisidum, d'Arresetum, etc, mais le nom d'Arrisitum a prévalu.

Grégoire de Tour, auteur contemporain, et qui le premier a parlé de cet évêché le nomme *pagus Arisitensis*, et le bourg qui en devint le siège principal *Vicus Arisitensis*, bourg d'Arrisitum. Si Arrisidium avait été le nom de ce bourg, cet historien l'aurait désigné sous le nom de Vicus Arrisidiensis et non d'Arrisitensis.

Le père Thomas d'Aquin de St-Joseph, carme-déchaussé, dans une dissertation qu'il publia en 1664 sur le nom, la situation, l'institution de ce diocèse et de ses évêques, est d'avis qu'Arrisitum est le véritable nom de cet évêché.

Mandajors, dans un mémoire écrit en 1718 et inséré dans le 5e tome de l'histoire de l'Académie des inscriptions et belles lettres lui donne le nom d'Arisidium ou d'Aresetum.

Il y a tout lieu de supposer que le bourg qui devint le siége principal de l'évêché, porta, dès le principe, le nom d'Aresetum ou pays *d'Arès*

Le pays d'Arsat, situé dans la première Narbonnaise, se trouvait sur les limites de l'Aquitaine. Arès était le Mars de cette dernière province, c'est-à-dire le Dieu que les Gaulois adoraient sous le symbole d'une *épée*. Cette divinité reçut apparemment un culte particulier dans le pays d'Arsat, qui la choisit pour divinité topique. Alors, selon l'usage établi dans la Gaule, la rivière qui arrosait le pays fut dédiée au Dieu protecteur, et prit le nom de rivière d'Arès. Ce nom s'étendit bientôt au principal bourg de la contrée, qui prit le nom d'Aresetum, ce qui indique qu'il devait se trouver sur l'Arès.

Le nom d'Arès s'étendit dans la suite à tout le pays et celui d'Arécomique qu'on donna à la République qui avait Nimes pour capitale et dans laquelle se trouvait le pays d'Arsat, est formée des deux mots *Arès* et *Coumb*, qui signifient vallées du Dieu Arès. Coumb ou Coumbo, dans le patois actuel sert encore à désigner une vallée, une colline.

Le culte d'Arès a dû précéder en Gaule l'arrivée des Romains. Il dut y être apporté par les Phocéens qui, 600 ans avant Jésus-Christ, abordèrent sur les côtes méridionales de la Gaule et fondèrent Marseille, car, disent les historiens, « ces Grecs d'Ionie enseignèrent aux Gaulois à sacrifier aux prinipales divinités de la Grèce.

Les Grecs étaient à cette époque, le peuple le plus civilisé et le plus poli de la terre. Ils profitèrent de l'avantage que donne toujours une civilisation supérieure pour exercer une grande influence sur la partie de la Gaule où ils s'étaient fixés. A cause de son voisinage avec Marseille, le pays d'Arsat dût être un des premiers à subir cette influence. Les Marseillais avaient des relations continuelles avec ce pays et leur commerce s'étendait jusque chez les Arvernes (Auvergnats). Les chemins connus sous le nom de *Drayes*, qui sillonnent nos Cevennes, étaient leurs voies de communication. Ce commerce qui consistait en denrées du pays se faisait à dos de mulet.

Dans ces relations continuelles, dans ce contact de tous les jours les habitants du pays d'Arsat empruntèrent la langue des étrangers, (1) adoptèrent les dieux de la Grèce et leur rendirent un culte particulier. César, dans ses commentaires, nous apprend que le culte d'Arès était très-répandu dans les Gaules lors de son entrée dans le pays. Mais lorsque ce général eut fait la conquête des Gaules, et bien avant même, lorsque la république romaine se fut emparée de tout le pays qui forma la province Narbonnaise, « Rome imposa sa civilisation, ses mœurs, sa religion et sa langue à la nation vaincue. » (2) La langue du pays qui était un mélange de

(1) On trouve dans le patois, un grand nombre de mots qui dérivent du Grec.

(2) Vaissette.

Celte et de Grec, fut remplacée par le latin qui était la langue des conquérants. Areselum, en se latinisant, devint Arrisitum et la rivière d'Arès fut appelée Arri.

La langue latine s'altéra rapidement dans les Gaules. Tandis que la haute classe de la nation parlait le latin dans toute sa pureté, et qu'elle donnait des poètes et des orateurs à la maîtresse du monde, le bas peuple surchargeait cette langue de certaines expressions celtiques qu'il fut impossible aux vainqueurs de faire disparaître. Les soldats romains, envoyés dans la province, avaient beaucoup de peine à se faire comprendre des peuples Gaulois, et n'y parvenaient même souvent qu'en altérant la pureté de leur langue. (1)

Au commencement du VIe siècle, lorsque les Francs sous Clovis, eurent étendu leurs conquêtes sur la Gaule, les Gaulois empruntèrent encore certaines expressions à la langue de ce peuple du Nord. Le latin, surchargé de celtique et de Grec qui se parlait dans la Gaule, adopta ces expressions et se trouva défiguré. La confusion de ces langues, (le Celte, le Grec, le Latin, et le Germain) donna naissance à une langue nouvelle qu'on appela le roman. Toutefois elle ne fut définitivement formée que dans le 9e ou le 10e siècle, époque à laquelle elle fut portée, par les troubadours, à sa plus haute perfection. C'est l'idiome qui se parle encore dans le midi de la France et qu'on appelle le patois.

Le changement de langue dut amener, comme conséquence nécessaire, le changement des mots. *Arri* se changea en *Arré*, nom qui en se francisant est devenu Arre. Arré

(1) Villemain, histoire de la littérature au moyen âge.

dans le patois, Arre dans le français, tels sont les noms que porte de nos jours la petite rivière qui arrose le pays d'Arsat.

Telle est, à mon point de vue, l'origine des mots Aresetum et Arrisitum qu'on donne indifféremment au bourg qui devint le siége de l'évêché du même nom.

Les historiens qui ont parlé de l'existence de ce diocèse n'ont fait, pour la plupart, que répéter ce qu'en a d'abord dit Grégoire de Tours. Aussi la question principale reste-t-elle encore à résoudre, savoir : où se trouve le bourg d'Arrisitum? Ce bourg existe-t il ou bien a-t-il été détruit? Je vais fixer, d'une manière certaine, la véritable position d'Arrisitum. Je prendrai pour base de mes observations : 1° l'Etymologie; 2° les écrits qui ont été publiés au sujet de ce diocèse; 3° les registres particuliers et les papiers de famille dont j'ai pu avoir communication; 4° Enfin une tradition locale qui, à travers les siècles, s'est perpétuée dans le village d'Arrigas, qu'on doit considérer à juste titre comme l'ancien bourg d'Arrisitum,

La plupart de ceux qui ont traité cette question, ont voulu placer le bourg d'Arrisitum sur le Larzac, plateau calcaire de six lieues d'étendue, qui faisait jadis partie du Rouergue et du diocèse de Rodez et qui était compris tout entier dans la province d'Aquitaine. Ils se fondent sur le rapprochement qui existe entre les mots Larzac et Arsat; mais cette concordance de mots ne suffirait à établir qu'Arrisitum était situé sur le Larzac, qu'autant qu'elle serait en rapport avec l'étymologie et les données historiques. Examinons d abord l'étymologie :

« Tout nom de lieu a une signification déterminée; lors » donc qu'il ne présente aucun sens dans la langue vulgaire,

» il faut le considérer comme des restes d'une langue plus » ancienne et parlée par les fondateurs de ces lieux : en » sorte que pour déterminer le plus ou moins d'antiquité » d'un lieu, on n'a qu'à considérer ses rapports avec la » langue vulgaire du pays. Tous ceux qui sont signifi» catifs dans cette langue vulgaire, sont postérieurs à son » établissement; tous ceux qui ne présentent aucun sens » dans cette langue, peuvent être censés l'ouvrage des pos» sesseurs plus anciens de la contrée; et la chose reste » sans replique si, en rapprochant ces mots de la langue » des premiers possesseurs, on en trouve les éléments d'une » manière parfaitement assortie à leur nature. » (1)

Cela posé, on sera forcé de convenir que le bourg d'Arrisitum, formé des mots *situm arri*, était situé sur la rivière d'Arri, qui n'est autre que l'Arre actuel. L'étymologie d'Arrisitum est celle-ci : *situé*, *bâti* sur l'Arre.

Il est vrai qu'on donne aussi le nom d'Arrisidium au bourg qui devint le siége principal de l'évêché et au diocèse lui-même; mais comme l'observe le père Thomas d'Aquin, ce mot peut donner lieu à l'étymologie Arri-Sedium, qui signifie siége de l'Arre, c'est-à-dire vallée ou coule la rivière. Qu'on lui donne le nom d'Arrisitum ou d'Arrisidium, il est toujours vrai qu'il s'agit d'un bourg situé sur la rivière d'Arre. Que ceux donc qui veulent placer ce siége épiscopal sur le Larzac commencent par y trouver la rivière d'Arre, sans quoi il leur est impossible d'y trouver un bourg dont le nom seul indique, d'une manière précise, sa position sur cette rivière. N'existerait-il que cette preuve, elle serait, à elle seule, assez concluante pour exclure du Larzac le bourg d'Arrisitum.

(1) Armand, note 1, page 399, d'après Court de Gébelin et Astruc.

Examinons les données historiques et voyons s'il est permis d'après ces données de trouver sur le Larzac les vestiges d'Arrisitum.

Les auteurs qui ont voulu l'y placer n'ont jamais pu en préciser la situation : preuve évidente qu'ils n'étaient pas certains de ce qu'ils avançaient.

Adrien de Valois le place ou à Ariat, sur le Viaur, vers les confins du Rouergue, ou à Aire, sur la montagne du même pays. D'abord, s'il émet deux opinions, il n'est certain d'aucune, ensuite, outre qu'on ne trouve sur le Larzac ni Ariat ni Aire, « le Viaur coule du côté opposé à celui où devait d'après les historiens, se trouver Arrisitum. » (1)

Il y a pourtant quelque chose de fondé dans l'assertion d'Adrien de Valois lorsqu'il place Arrisitum à Aire : la chapelle de notre dame d'Aire s'élevait sur le territoire de la paroisse d'Arrisitum. Je déterminerai, d'après des documents authentiques, la véritable position de cette chapelle.

On lit dans Grégoire de Tours « que le diocèse d'Arri-» situm ne comprenait en Rouergue que quinze paroisses » qui avaient été occupées par les Visigoths. » Cet historien semble faire entendre que parmi les paroisses qui constituaient ce diocèse, quinze seulement se trouvaient en Rouergue, le reste de l'évêché s'étendait donc sur les pays limitrophes.

Un autre historien rapporte « que les Visigoths reprirent » la ville de Lodève sur les Français, mais que d'un autre » côté ceux-ci s'emparèrent, vers l'an 550, du pays d'Arsat ; » que ce pays, qui fut uni au royaume d'Austrasie, appar-» tenait alors au sénateur Ansbert, descendant de l'illustre » Tonance Ferréol, Préfet des Gaules. (2)

(1) Le baron de Gaujal.

(2) Le Cointe.

L'historien du Languedoc nous apprend « que le pays « d'Arsat s'étendait alors, ou du moins s'étendit dans la » suite sur la partie de l'ancien diocèse de Nimes qui était » situé vers les frontières du Rouergue et du diocèse de » Lodève et qu'il comprenait ce qu'on appela dans la suite « la baronnie d'Hierles, connue dans les anciens monu- « ments sous le nom de terra Arrisidii ou Erisdii, et il « ajoute : On prétend même que tout ce qui compose au- « jourd'hui le diocèse d'Alais faisait anciennement partie « du pays d'Arsat. » (1)

Le diocèse d'Alais ne s'étendit jamais sur le pays d'Arsat; ce pays se trouvait dans *l'ancien pays de Nimes*, sur les frontières du Rouergue et du diocèse de Lodève; tandis que le Larzac dépendait du diocèse de Rodez et non de celui de Nimes, qu'il s'étendait en Rouergue et non sur les frontières du Rouergue. La baronnie d'Hierles, qui faisait partie du diocèse, ne se trouvait pas non plus sur le Larzac : ce n'est donc pas sur ce plateau qu'on doit chercher les vestiges d'Arrisitum.

Le même historien ajoute : « Il est vraisemblable que « les domaines de la famille de Tonance Ferréol, situés « dans l'ancien pays de Nimes, sur les frontières du « Rouergue, et qui s'étendaient entre *Meyrueis et Vissec* « composaient le diocèse d'Arrisitum. (2) Mais c'est toujours dans l'ancien pays de Nimes, sur les frontières du Rouergue qu'il place le pays d'Arsat. La situation est même suffisamment indiquée par ces mots : *entre Meyrueis et Vissec*. Mais cette position ne saurait s'appliquer au Larzac qui est loin de se trouver sur la ligne qui joindrait ces deux bourgs.

(1) Vaissette.
(2) Vaissette.

On lit dans Sidoine Appollinaire, évêque de Clermont : « que Tonance son allié, possédait, dans les montagnes des « Cevennes, une maison de campagne appelée Trévidon. » Divers auteurs ont voulu reconnaître, dans cette indication, le village de Trèves ; mais il n'est pas du tout question de village ; il s'agit seulement d'une maison de campagne appelée Trévidon, qui devait s'élever sur les bords du Trévezels ; Or cette rivière coule sur la montagne de l'Espérou et non pas sur le Larzac. A peu de distance de Camprieu, et après avoir gravi le pic de Faoubel (beau-hêtre) se trouve un quartier appelé Trévezels, qui arrive jusqu'à la rivière du même nom, et qui est un des sites les plus charmants qu'on rencontre sur la montagne de l'Espérou. C'est là que s'élevait jadis le château de Trévidon, dont on voit encore les ruines. Ces ruines portent le nom de Verrerie, ce qui indique d'une manière certaine la présence en ce lieu d'un Seigneur, car les Seigneurs seuls avaient, dans les temps anciens, le privilége de fabriquer du verre. C'est ce château qui devint la demeure de Tonance Ferréol et d'Ansbert.

Le pays d'Arsat dépendit dans le principe, du pays de Nimes ; mais comme cette ville était souvent exposée aux ravages des Visigoths, on érigea un nouveau diocèse (1) qui fut formé d'une partie de celui de Nimes et dont Uzès devint le siége épiscopal. « Avant le milieu du 5e siècle, la ville d'Uzès était désignée sous le simple titre de château. La souscription de son évêque Constantius à la lettre que les évêques des Gaules adressèrent au pape St-Léon, est le plus ancien monument connu de cet évêché.

(1) Mandajort.

C'est ce qui a fait supposer que l'existence de ce diocèse ne remontait pas au-delà du 5e siècle. » (1)

A partir de cette époque, le pays d'Arsat, qui avait toujours fait partie du diocèse de Nîmes, dépendit de celui d'Uzès : C'est pourquoi tous les historiens disent que ce pays faisait partie de *l'ancien pays de Nîmes.*

Dès 505, Roricius, fils de Tonance Ferréol, fut élu évêque d'Uzès. Le pays d'Arsat était compris dans son vaste diocèse. Après la bataille de Vouglé, le pays d'Uzès devint tributaire des Francs, et Thierry. fils de Clovis, à qui ce pays était échu à la mort de son père, ne négligea rien pour s'attacher, dans cette nouvelle conquête, la famille de Roricius qui était toute puissante et qui jouissait d'une grande considération tant dans le pays d'Arsat que dans le reste du diocèse. (2)

Ansbert, petit-fils de Tonance Ferréol et neveu de Roricius, possédait alors le pays d'Arsat; il fut élevé à la dignité de sénateur. Non content de cette haute marque de distinction, il désira que ses terres fussent érigées en évêché, afin d'avoir un diocèse pour sa propre maison ou pour tout autre prélat de son choix. Afin de s'attacher plus étroitement cette famille, Thierry consentit aux désirs d'Ansbert, et Roricius ne refusa pas de céder une partie de son vaste diocèse, puisqu'il s'agissait d'élever Déotaire, son neveu, aux honneurs de l'épiscopat.

Déotaire, qui fut le premier évêque d'Arrisitum était le frère aîné d'Ansbert, et petit-fils comme lui, de Tonance Ferréol. Il fit reconstruire le bourg d'Arrisitum qui avait été détruit pendant les guerres précédentes. Voici comment

(1) Vaissettes.

(2) Le baron de Gaujal.

s'expriment à ce sujet deux auteurs très-recommandables :

« Déotaire, frère ainé d'Ansbert, consacrant sa fortune à « Jésus-Christ, fit construire le bourg d'Arrisitum, où il « mourut, revêtu de la dignité pontificale. » (1)

« Déotaire construisit le bourg d'Arrisitum où reposent « les cendres de ce confesseur de Jésus-Christ. » (2)

Si ce prélat fit relever le bourg d'Arrisitum pour en faire le siége de son évêché, ce bourg devait être situé sur les domaines de sa famille. Si le sénateur Ansbert demanda l'érection de ses terres en évêché, il dût incontestablement en placer le siége sur ses domaines et non ailleurs. Ce serait une inconséquence de penser que Déotaire, dont la famille possédait le pays d'Arsat, eut construit le bourg dont il voulait faire le siége de son évêché, sur des terres qui ne lui auraient pas appartenu. Le placer sur le Larzac, ç'aurait été s'exposer aux entreprises de l'évêque de Rodez qui, comme on peut le penser, et comme il sera dit ailleurs, dût faire des efforts continuels pour obtenir la restitution à son diocèse des quinzes paroisses du Larzac qui en avaient été distraites, et que diverses circonstances dont il sera parlé, avaient fait annexer à l'évêché d'Arrisitum.

D'un autre côté, Ansbert, en demandant l'érection de ses terres en évêché, avait voulu avoir un diocèse pour sa famille, un évêque placé en quelque sorte sous sa dépendance. On voit, en effet, qu'il exerça une grande influence sur ce diocèse, puisque lorsqu'il fut s'établir à Metz, capitale de la France orientale ou de l'Austrasie, Arrisitum fut uni et

(1) Vie de Saint-Arnould.

(2) Ancien manuscrit de la bibliothèque des Carmes de Clermont-d'Auvergne, rapporté par le baron de Gaujal.

soumis à l'église de St-Etienne de Metz. Placer ce bourg sur le Larzac, c'est-à-dire en dehors des domaines d'Ansbert, c'est enlever à ce dernier une grande partie de l'influence qu'il s'était promis d'exercer sur ce diocèse. C'est le placer sous la dépendance de l'évêque de Rodez à la moindre délimitation de territoire. Ansbert n'aurait certainement pas demandé l'érection de cet évêché si le siége épiscopal n'avait pas dû en être placé sur ses domaines. Arrisitum devait donc être situé sur les propriétés d'Ansbert, et non ailleurs.

Ceux qui veulent placer Arrisitum sur le Larzac, supposent que ce plateau faisait partie des domaines d'Ansbert. « Trévidon, dit l'auteur des annales du Rouergue, touche « au Larzac, et probablement une grande partie de la « contrée qui porte ce dernier nom, dépendait du château « d'Ansbert. » (1)

Cependant il est avoué par tous les historiens que les propriétés d'Ansbert s'étendaient dans l'ancien pays de Nimes, sur les frontières du Rouergue et du diocèse de Lodève, entre Meyrueis et Visser. Le Larzac, au contraire, faisait partie du Rouergue et du diocèse de Rodez, et je n'ai vu nulle part que les domaines de Tonance s'étendissent sur les terres de cet évêché. Si donc le Larzac n'appartenait pas à la famille de Déotaire, ce prélat ne dût pas y placer son siége épiscopal.

Les auteurs de la Gaule chrétienne rapportent « que « l'évêché d'Arrisitum a réellement existé dans la *pre-* « *mière Narbonnaise* pendant l'espace d'environ un siècle »; mais le Larzac était compris tout entier dans la province d'Aquitaine, et non dans la Narbonnaise.

(1) De Gaujal.

On lit dans Grégoire de Tours « qu'en 573, lors de « l'élévation de Mundéric, fils d'Ansbert, à l'évêché d'Arri-« situm, Dalmace, évêque de Rodez, revendiquait les « quinze paroisses qui avaient été distraites de son dio-« cèse. » Ces quinzes paroisses, toutes situées sur le Larzac, avaient donc primitivement fait partie du diocèse de Rodez et non de celui de Nimes? Elles ne se trouvaient donc pas dans le pays d'Arsat, et ne faisaient pas partie des domaines de Ferréol? Car Dalmace n'aurait pas réclamé la possession de quinze paroisses situées sur les terres d'une famille dont l'un des membres en était alors évêque. D'un autre côté, l'évêque de Rodez n'aurait pas réclamé des paroisses au nombre desquelles se serait trouvé le siége épiscopal. Ç'aurait été, en quelque sorte réclamer la suppression de l'évêché que de vouloir le priver de sa ville épiscopale. Dalmas qui connaissait l'influence de cette famille, n'aurait pas réclamé la suppression d'un diocèse qui avait été érigé spécialement pour elle et sur la demande d'Ansbert. D'autant plus qu'à l'époque où l'évêque de Rodez formulait ses prétentions, Arnoald-Boggis, deuxième fils d'Ansbert et frère de Mundéric, jouissait d'un grand crédit à la cour d'Austrasie dont il était Maire du Palais.

On lit dans Dubouchet : « La voie militaire qui conduisait « les troupes romaines de Rodez à Nimes, et qui traversait « le pays d'Arsat, allait en droite ligne de St-Jean-du-Bruel « au Caladon. » Si le pays d'Arsat eût été situé sur le Larzac, cette voie militaire n'aurait pu le traverser qu'en obliquant fortement vers le midi; mais alors elle n'aurait pas été en droite ligne de Saint-Jean au Caladon, comme l'affirme Dubouchet.

« Théodobert, dit Vaissette, ayant repris la ville de

« Lodève et presque tout le Rouergue sur les Visigoths, né-
« gligea de soumettre le pays d'Arsat, soit à cause de sa posi-
« tion avantageuse dans les montagnes, soit parce qu'il voulait
« porter ses armes ailleurs. » La vérité est que Théodebert ne porta jamais ses armes dans le pays d'Arsat parce que ce pays avait toujours été soumis aux Francs depuis la bataille de Vouglé. Mais il résulte de ce passage de l'historien du Languedoc que l'Arsat était montagneux et d'un difficile accès. Ceci ne saurait nullement convenir au Larzac qui consiste en un vaste plateau. Il est vrai que par son élévation ce plateau semble être une ramification de l'Espérou, mais on n'y rencontre ni ces collines profondes, ni ces larges ravins, qui constituent à proprement parler, le pays des montagnes.

Ménard, historien de Nimes, s'exprime ainsi en parlant de cet évêché : « L'évêché d'Arrisitum fut formé d'une
« partie de celui d'Uzès, et non de celui de Nimes ou de
« celui de Rodez, comme quelques-uns l'ont cru. On assigna
« à ce nouvel évêché quinze paroisses qui avaient fait partie
« du territoire des Volces Arécomiques, et qui comprenaient
« à peu près l'étendue où se trouvent les lieux suivants :
« Meyrueis, la baronnie d'Hierles, (Arrigas) le Vigan, St-
« Jean de la Gardonnenque, St-Hippolyte, Sauve, Alais,
« Cendras, Anduze, Tornac et Vézénobres. Ainsi il avait à
« peu près la même étendue que le diocèse d'Alais, dont
« les deux extrémités confinaient, l'une au diocèse d'Uzès,
« l'autre à celui de Vabres. »

Le Larzac n'a jamais fait partie du diocèse d'Uzès, puisqu'il était compris tout entier dans celui de Rodez; il ne faisait pas partie du territoire des Volces Arécomiques attendu que cette république avait pour limite « l'Hérault

« depuis son embouchure jusqu'à son confluent avec l'Arre point qui se trouve à 8 kilomètres en aval du Vigan, ensuite l'Arre, depuis sa jonction avec l'Hérault, jusqu'à sa source au mont Espérou dans les Cevennes. Les Cevennes elles-mêmes séparaient les Arécomiques des Ruthènes, peuple qui avait un culte particulier pour la déesse Huth. » (1) Le Larzac, placé au-delà des limites des Arécomiques, appartenait tout entier au pays des Ruthènes, dans lequel ne se trouvait pas Arrisitum. Ensuite, parmi les lieux indiqués par Ménard comme formant la totalité du diocèse, pas un ne se trouve en Rouergue. N'y aurait-il eu que le siége épiscopal placé sur le Larzac?

« La baronnie d'Hierles, dit le même auteur, connu sous « le nom de Terra Arisidii ou Erisidii, qui se trouve à peu « de distance du Vigan, en était comme le centre; ce qui « fait voir que ceux-là se trompent, qui placent le bourg « d'Arrisitum sur le Larzac. Ils confondent les limites du « diocèse avec le diocèse lui-même, et donnent, à la première « Aquitaine un évêché qui n'appartient certainement qu'à « la première Narbonnaise. »

Ménard, et les auteurs de la Gaule chrétienne assurent donc que cet évêché se trouvait dans la première Narbonnaise; l'historien de Nimes dit même expressément que ceux qui veulent placer Arisitum sur le Larzac, confondent les limites du diocèse avec le diocèse lui-même. Ce plateau était donc seulement une des limites de l'évêché.

Ménard désigne la baronnie d'Hierles, comme étant le centre du diocèse. Un autre auteur s'exprime ainsi : « Après « la bataille de Poitiers, les Sarrasins se jetèrent sur la « Septimanie qu'ils ravagèrent et dépeuplèrent, et parti- « culièrement les paroisses d'Arrisitum ou d'Hierles, qui

(1) De Berriac.

« occupait presque tout l'arrondissement du Vigan. » (1)

Le Larzac a-t-il jamais fait partie de cet arrondissement? De plus la baronnie d'Hierles doit être considérée comme le siége de l'évêché, puisque, d'après Ménard, elle est le centre du diocèse, et que d'après Armand, on lui donne indifféremment le nom d'Arrisitum ou d'Hierles.

La question est donc ramenée à savoir où était cette baronnie : Pas sur le Larzac sans doute, puisque son nom, terra Arisdii, terre de l'Arre, indique sa position sur la rivière d'Arre. Je fixerai la véritable position d'Hierles d'après l'étymologie, les noms de lieux, la tradition, et certaines pièces authentiques.

Parce qu'on a trouvé sur le Larzac une paroisse du nom de Sanctæ Eululiæ Arisitensis, quelques auteurs ont conjecturé que le bourg d'Arrisitum s'élevait en cet endroit; mais, dit Mandajors, Sainte-Eulalie du Larzac n'est réellement qu'une commanderie de l'ordre des templiers, bâtie vers le 12e siècle. » Or, au 12e siècle l'évêché d'Arrisitum n'existait plus, et le nom d'Arisitensis donné à cette commanderie, n'implique en rien la nécessité de trouver Arrisitum sur le Larzac. Du reste, la baronnie d'Hierles portait le même nom, puisque, d'après une donation faite à l'Abbaye de Saint-Guilhem-du-désert, en 937, d'un alleu situé dans le comté de Nîmes et la Viguerie d'Hierles, cette baronnie portait le nom d'Arisensis.

Le pays d'Arsat a dépendu, il est vrai, pendant quelques temps, du moins en partie, du comté de Rodez; c'est ce qui a fait supposer à quelques auteurs que l'évêché d'Arrisitum avait primitivement fait partie du diocèse de Rodez

(1). tablettes militaires.

et nom de celui d'Uzès. Mais ce pays n'a commencé à dépendre de Rodez qu'à partir de 1230, lorsque la fille de Raymond de Roquefeuil eut épousé Hugues IV, comte de Rodez, auquel elle apporta en dot le vicomte de Creyssels, la baronnie de Meyrueis et le Marquisat de Roquefeuil, qui comprenait une partie du pays d'Arsat. Mais alors l'évêché d'Arrisitum avait été démembré depuis 4 siècles et demi. Cette dépendance momentanée, arrivée plus de 450 ans après le démembrement du diocèse, et provenant de l'alliance de ces deux familles, ne prouve pas qu'Arrisitum eût dépendu du diocèse de Rodez.

Il me parait suffisamment établi qu'Arrisitum ne se trouvait pas sur le Larzac. Avant d'en déterminer la véritable situation, je dois dire un mot des circonstances qui firent annexer le Larzac au diocèse d'Arrisitum.

Les Visigoths s'étaient établis au midi de la France. Toulouse était la capitale de leur royaume et Narbonne la métropole de leur église. Ce peuple avait d'abord embrassé le Christianisme; mais en 376 il adopta l'hérésie d'Arius, afin de s'attirer les bonnes graces de l'empereur Valens, fauteur de cette hérésie, auquel il demandait des terres dans l'empire.

En 472, ils firent la conquête de presque tout le midi de la Gaule. Mais Clovis, fils de Childéric et de Basine, élu roi des francs saliens de Tournai, en 481, résolut de les chasser de leurs conquêtes. Il passe la Loire à la tête de ses troupes, et, après un pèlerinage fait au tombeau de Saint-Martin de Tours, il rencontre l'armée des Visigoths à Vouglé, près de Poitiers. Les Visigoths sont taillés en pièce et leur roi Alaric, reçoit la mort de la main de Clovis. Après cette victoire, qui ouvre aux francs les portes de l'Aquitaine, Clovis partage son armée en deux corps se met à la tête de l'un, et donne le commandement de l'autre à Thierry, son fils ainé, qu'il avait eu d'une Concubine avant sa conversion à la foi. Thierry s'empare du Rouergue, de l'Albigeois, du pays d'Uzége, dans lequel se trouvait le pays d'Arsat, et pousse ses conquêtes jusqu'au Rhône. Clovis s'empare de Bordeaux et de Toulouse, mais il échoue devant Narbonne qu'il ne peut forcer. Les Visigoths ne conservèrent que le pays qui, de leur nom, fut appelé Gothie (bas Languedoc.) Ils gardèrent ainsi un pied à terre dans la Gaule, espérant que des circonstances favorables leur permettraient de reprendre plus tard, sur les francs, les provinces qu'ils avaient perdues. Cinq ans après, en 512, soutenus par les Ostrogoths ou Goths de l'Orient, les Visigoths reprirent le Rouergue, mais ils ne peuvent reprendre le pays d'Uzége, dans lequel se trouvait l'Arsat.

A la mort de Clovis, ce pays était devenu, avec l'Austrasie l'apanage de Thierry son fils ainé. On a déjà vu que ce roi, pour s'assurer la possession de cette conquête, s'était attaché la famille d'Ansbert, qui jouissait d'une grande influence sur ce pays. Il y entretint aussi de fortes garnisons, afin d'être en état de repousser les efforts des Ariens. Les Visigots ne purent donc rien entreprendre sur le pays d'Uzége; craignant même de s'en approcher, ils négligèrent de soumettre quinze paroisses du Rouergue, limitrophes du diocèse d'Uzès, qui restèrent ainsi au pouvoir des francs. Ces quinze paroisses, qui se trouvaient sur le Larzac, sont celle dont parle Grégoire de Tours, et qu'il désigne expressément comme envahies par les Visigoths, dans leur première expédition et non dans la seconde.

Jusqu'alors ces quinze paroisses avaient fait partie du

diocèse de Rodez, mais après l'invasion des Goths, elles ne purent plus dépendre d'une ville qui appartenait à d'autres maîtres, ni relever d'une métropole où l'arianisme avait été rétabli, ayant conservé elles-mêmes la foi catholique. Cet état de choses durait encore lorsqu'en 531, Ansbert obtint l'érection de ses terres en évêché. Ces quinze paroisses, qui ne dépendaient plus d'aucun diocèse, furent annexées à celui d'Arrisitum, tant pour y maintenir la vraie foi que pour enlever aux ariens tout espoir de s'en emparer. (1) A partir de ce moment, le Larzac dépendit du pays d'Arsac, dont il prit le nom.

Quelques historiens, et entre autres Ruinard et Vaissettes, pensent que les Visigoths, malgré les conquêtes de Théodebert, fils de Thierry, conservèrent les paroisses qui composaient l'évêché d'Arrisitum, jusqu'en 560, époque à laquelle Clotaire s'en empara. Mais « il est reconnu par » tous les historiens sans exception que le diocèse d'Uzès » resta tout entier sous la domination des Francs après la » bataille de Vouglé. Or, il était à peu près impossible de » posséder le pays d'Arsat sans être maître de celui d'Uzès, » d'ailleurs les évêques d'Arrisitum étaient de la famille » d'Ansbert, qui avait fixé son séjour à Metz, antérieu» rement à 560. » (2) De plus, les évêques de Metz, d'Uzès et d'Arrisitum appartiennent à la même famille, d'où l'on peut conclure que ces trois villes épiscopales et les diocèses dont elles étaient le siége, appartenaient aux Francs et non aux Visigoths.

Si Arrisitum ne se trouvait pas sur le Larzac, ce qui me paraît suffisamment démontré, il devait se trouver

(1) De Gaujal.

(2) De Gaujal,

sur les frontières du Larzac, et j'ai dit qu'Arrigas avait de tout temps revendiqué l'honneur d'avoir été le siége épiscopal de Déotaire. Examinons, dans une seconde partie les données sur lesquelles Arrigas fonde ses prétentions.

DEUXIÈME PARTIE

Arrigas est le véritable Arrisitum

du 6e Siècle.

S'il est vrai, comme disent Court de Gébelin et Astruc, que tout nom de lieu ait une signification déterminée, il est hors de doute qu'Arrisitum, formé des mots *situm arri*, désigne un bourg bâti, situé sur la rivière d'Arre. C'est donc sur cette rivière, et non ailleurs, qu'on doit chercher les vestiges d'Arrisitum. Or, l'Arre prend sa source à l'Espérou dans les Cevennes, sur le territoire de la paroisse d'Arrigas, à l'endroit vulgairement appelé Volladieyros (valat d'herles.) Il mouille dans son parcours les lieux suivants : Arrigas, Arre, Bez et le Vigan, et va se confondre avec l'Hérault à 8 kilomètres en aval du Vigan.

L'Arre traverse encore les deux paroisses de Molières et d'Avèze; mais ces deux villages ne sont pas bâtis sur cette rivière comme devait l'être Arrisitum, et cela suffit pour empêcher de trouver dans ces lieux le siége de Déotaire.

Arre est une paroisse de nouvelle création. Son nom. tout français, indique un établissement postérieur à la formation de cette langue; ce village n'existait donc pas au 6e siècle et n'a pas pu être l'ancien Arrisitum.

Bez, au temps de la féodalité, n'était qu'un simple hameau sous la dépendance du château d'Esparon. Ce ne sera donc pas à Bez qu'on trouvera les restes du bourg d'Arrisitum. Il ne reste plus, pour revendiquer cet honneur, qu'Arrigas et le Vigan.

« Les noms anciens, dit Armand dans ses tablettes » militaires se sont conservés à quelque altération près, » ou on fait place, en général, à des noms de saints. » Or, quel rapport existe-t-il entre les mots Vigan et Arrisitum? aucun, et cela suffit pour enlever au Vigan l'honneur que certaines personnes revendiquent pour lui. Si le Vigan recouvrait les ruines d'Arrisitum, son nom, quoique altéré rappellerait plus ou moins celui d'Arrisitum, ou porterait le nom de St-Pierre, que cette paroisse s'est choisi pour patron. L'étymologie, preuve péremptoire dans les questions d'origine, ne permet pas de trouver Arrisitum au Vigan. Sa position sur l'Arre suffit-elle pour trancher la question? Non, sans doute, car alors les lieux bâtis sur cette rivière seraient en droit de revendiquer le même honneur.

Ouvrons l'histoire et examinons si nous y trouvons quelques données en faveur du Vigan.

On lit dans Vaissettes : « Il est vraisemblable que les » domaines de la famille de Tonance Ferréol, situés dans » l'ancien pays de Nimes, sur les frontières du Rouergue » et qui s'étendaient entre *Meyrueis et Vissec*, composaient » le diocèse d'Arrisitum. »

Le Vigan est bien situé dans l'ancien pays de Nimes, mais il ne se trouve pas sur les frontières du Rouergue, et n'est pas placé entre Meyrueis et Vissec. Son éloignement du point fixé par Vaissettes, ne permet pas de trouver Arrisitum au Vigan.

Sidoine Apollinaire nous apprend que « Tonance son » allié, possédait vers les montagnes des Cevennes, une » maison de campagne appelée Trévidon. » Cette maison de campagne que vint habiter Ansbert, et dont on aperçoit encore les ruines au quartier de Trévezels, commune de Campricu, aurait été à plus de 35 kilomètres N. O. du Vigan. Ansbert, quand il obtint l'élection de ses terres en évêché, n'en aurait pas placé le siége épiscopal à un lieu si éloigné de sa résidence.

Nous lisons dans Dubouchet : « La voie militaire qui conduisait les troupes romaines de Rodez à Nimes, allait en droite ligne de St-Jean-du-Bruel au Caladon, en traversant le pays d'Arsat. » Si le Vigan eut été le siégé épiscopal du diocèse, et par conséquent le centre du pays d'Arsat, cette voie militaire n'aurait pas pu le traverser en droite ligne, attendu que cette ville se trouve à 15 kilomètres en dehors de la limite fixé par Dubouchet.

Ménard dit « que la baronnie d'Hierles, connu dans les » anciens monuments sous le nom de terra arisdii, et » qui se trouve à peu de distance du Vigan, en est comme » le centre. » Ce nom de terra arisdii, terre de l'Arre, donné à cette baronnie, n'indique-t-elle par la source de l'Arre source qui avait été dédié à Arès, le Dieu protecteur de la localité? Mais le source de l'Arre n'est pas au Vigan; et la belle source qui alimente cette ville était dédiée non pas au Dieu Arès, mais bien à la déesse

Isis dont elle porte encore le nom.

D'après Ménard, Hierles se trouvait à peu de distance du Vigan, mais non au Vigan.

Ceux qui prétendent que le Vigan actuel recouvre les ruines d'Arrisitum, supposent que la baronnie d'Hierles s'élevait à l'extrémité Ouest de cette ville, sur l'emplacement qu'occupe aujourd'hui la filature de M. Pommaret. Une telle opinion n'est guère admissible : 1° Parce que d'après les auteurs anciens la baronnie d'Hierles était à peu de distance du Vigan mais n'était pas au Vigan; 2° Parce que rien dans les environs, ne rappelle l'existence de la baronnie en cet endroit; 3° Parce que dans tous les auteurs, Hierles et le Vigan font deux lieux distincts et qui ne peuvent aucunement être confondus. Du reste, on sait aujourd'hui d'une manière certaine, que ce n'était pas le château d'Hierles.

Ménard, dans son histoire de Nimes, dit, en parlant d'Arrisitum :

« On assigna à ce nouvel évêché quinze paroisses qui « faisaient partie du territoire des Volces Arécomiques, et « qui comprenaient à peu de distance l'étendue de ce pays « où se trouvent les lieux suivants : Meyrueis, la baronnie « d'Hierles, le Vigan... etc. » Hierles n'était donc pas le Vigan puisqu'on nomme l'un et l'autre endroit. D'un autre côté, vouloir placer le château d'Hierles au Vigan, et dans l'enceinte même de cette ville, c'est aller à l'encontre de toutes les données historiques qui rapportent que les seigneurs du moyen-âge se cantonnaient dans leurs châteaux-forts, placés sur des hauteurs, d'où ils communiquaient entre eux au moyen de signaux. Les villes, au contraire, étaient laissées aux artisans, aux cultivateurs, aux serfs, ce qui leur fit donner le nom de vilains qui signifiaient paysan, roturier, homme de néant.

Le baron d'Hierles relevant directement de la couronne de France, était un des plus puissants seigneurs du Midi, et son château, véritable manoir féodal, devait s'élever comme celui des autres seigneurs, sur une hauteur et non dans le fond d'une vallée. Ce seigneur, qui avait sous sa dépendance un grand nombre de châteaux, tous bâtis sur des hauteurs presque inaccessibles, tels que ceux de Roquefeuil, du Caladon, d'Esparon, du Tour, de Belfort, etc., aurait-il lui-même fixé sa résidence dans le fond d'une vallée? Ce suzerain, qui tenait cour plénière, comme l'indique le village d'Aulas, où résidaient les juges d'Hierles, et dont le nom signifie les cours, serait-il venu confondre son existence avec celle des artisans et des roturiers en fixant son séjour au sein d'une ville? Non sans doute, et le siége principal de cette baronnie devait s'élever sur une hauteur escarpée afin d'augmenter ses moyens de défense. Le château du Vigan, était le séjour d'un petit vassal, mais il n'était pas assurément la résidence du Suzerain, et Hierles et par conséquent Arrisitum n'était pas au Vigan.

Le baron de Gaujal dit : « Le palais épiscopal, la cathé-« drale où Mundéric fut sacré, et peut-être aussi quelques « bâtiments publics, fruit de la munificence de Déotaire, « étaient de nature à laisser des vestiges. »

Trouve-t-on, au Vigan, quelques vestiges de ces monuments? Sans doute, on a découvert dans le territoire du Vigan des ruines, une grande enceinte, des médailles romaines, des aqueducs, des ruines souterraines dans lesquelles se trouvaient des débris de colonnes, des chapiteaux, un puits, un canal qui se dirigeait vers l'endroit où la fontaine d'Isis pouvait être dérivée, des cercueils en briques, des ossements humains, des lacrimatoires, des lampes sépulcrales; mais c'était assurément un temple païen consacré au culte de la déesse Isis, non pas les ruines d'une basilique primitive. Toutes ces découvertes témoignent en faveur de l'antiquité du Vigan, mais éloignent l'idée que ce fut l'ancien Arrisitum; car si on a trouvé les ruines d'un temple païen dont l'existence date d'une époque plus reculée que celle de l'établissement des basiliques, on aurait aussi découvert des vestiges du palais épiscopal et de la cathédrale de Déotaire, si le Vigan recouvrait les ruines de cet ancien évêché.

Il ne reste donc qu'Arrigas, qui, du reste a, de tout temps, revendiqué l'honneur d'avoir été le siége épiscopal du diocèse d'Arrisitum.

Arrisitum désigne, d'une manière précise, un bourg situé sur l'Arre. Arrigas, formé des mots Gas-Arri, gué de l'Arre, rappelle par son nom et par sa position sur l'Arre, l'Arrisitum du 6e siècle.

Lorsqu'il perdit son nom d'Arrisitum, ce village prit celui de Terra Arisidii, (terre de l'Arre) ou d'Hierles. Au treizième siècle, lorsque le patois actuel s'établit définitivement dans le pays, il prit le nom d'Arrigas qu'il porte de nos jours. Mais l'étymologie est restée toujours la même, puisqu'il s'agit toujours d'un bourg situé sur l'Arre, et remarquons surtout, que dans ces divers changements il a toujours conservé le mot Arri, qui est comme le radical de ce nom, la partie la plus significative: Situé sur l'Arre, terre de l'Arre, gué de l'Arre, telle est la signification de ces trois noms que ce village a successivement portés. Ou l'étymologie est un vain mot, sans aucune valeur, ou Arrigas est l'Arrisitum du 6e siècle. N'y aurait-il que cette preuve, on serait forcé de convenir que le siége épiscopal de Dolaire ne peut se trouver qu'à Arrigas, car, nous disent Court de Gébelin et Astruc, « la chose reste sans réplique, si en rapprochant ces mots de la langue des premiers possesseurs on en trouve les éléments d'une manière parfaitement assortie à leur nature. »

Si l'étymologie d'Arrisitum et celle d'Arrigas sont les mêmes et désignent expressement le même bourg, les données historiques ne sont pas moins concluantes.

D'après Vaissettes « le pays d'Arsat, propriété de « Tonance Ferréol, était situé dans l'ancien pays de Nimes, « sur les frontières du Rouergue et du diocèse de Lodève, et « s'étendait entre Meyrueis et Vissec. » Arrigas faisait partie de l'ancien pays de Nimes ; son territoire s'étendait, jusqu'au XVIe siècle, au couchant jusqu'au Rouergue, au midi jusqu'à Vissec, qui confinait lui-même au diocèse de Lodève. De plus, la ligne droite qui joindrait Meyrueis et Vissec passerait à Arrigas.

D'après Sidoine Appollinaire, Tonance possédait le pays d'Arsat, et avait sur les montagnes des Cevennes, une maison de campagne appelée Trévidon, qui s'élevait à l'endroit appelé Trévezels, cite charmant qu'on rencontre sur la paroisse de Camprieu, et sur les bords de la rivière du même nom ; c'est là que Ferréol vint passer les dernières années de sa vie. Mais Camprieu, et par conséquent Trévidon, était une dépendance d'Arrigas ; puisque, jusqu'au XVIIe siècle, le curé de cette paroisse a porté le titre de Seigneur de Camp et rivière, (Camp-rieu)

Ansbert devenu possesseur du pays d'Arsat, vint habiter Trévidon, avec sa femme Blitilde, fille de Clotaire Ier : c'est alors qu'il obtint l'érection de ses terres en évêché. Il dut incontestablement en placer le siége à proximité de son château, et choisir le bourg le plus considérable de ses domaines. Puisque Trévidon s'élevait sur les terres de la paroisse d'Arrigas, aucun lieu ne peut lui disputer l'honneur d'avoir été à une plus grande proximité du château d'Ansbert. D'un autre côté, ce village était jadis beaucoup plus considérable qu'il ne l'est de nos jours, beaucoup plus important qu'aucun des villages environnants, le seul, pour ainsi dire, du pays d'Arsat proprement dit. Il a conservé même une partie de son importance jusqu'au XVIIe siècle. En effet, Alzon, qui est aujourd'hui un des bourgs les plus importants du pays d'Arsat, n'était, à cette époque, et longtemps après, qu'un simple couvent sous la dépendance de l'église d'Arrigas. La chapelle de St-Laurent d'Alzon est attribuée, par des titres authentiques, à la paroisse d'Arrigas. Du reste, Alzon aurait-il existé au VIe siècle, il n'aurait pas pu être Arisitum, puisqu'il ne se trouve pas sur l'Arre. Le cartulaire de Campestre, dans plusieurs chartes paroissiales, écrites en latin, dit, au sujet d'un notaire : Arnal, notaire de toutes les terres *d'Arisitensis* et *d'Alzonensis* distinguant ainsi les terres d'Alzon des terres d'Arisitensis. Mais ce dernier devait être près d'Alzonensis et ne pouvait être qu'Arrigas.

Aumessas n'était pas non plus une paroisse; l'église s'élevait, selon l'usage des temps, à côté du château de Caladon, et Aumessas n'était qu'une dépendance de ce château. Presque tous les hameaux qui composent aujourd'hui cette paroisse dépendaient de celle d'Arrigas. La chapelle même de St-Hilaire d'Aumessas. relevait de l'église d'Arrigas (1)

(1) Papier de famille.

Bez dépendait du château d'Esparon, et n'était qu'un simple hameau. Tout le territoire de cette paroisse, située à l'Ouest du ruisseau qui l'arrose, relevait de la paroisse d'Arrigas (1)

Si l'on considère que ce fut seulement vers le commencement du Xe siècle que les seigneuries particulières s'établirent et que les châteaux commencèrent à s'élever, on sera porté à se demander à quelle paroisse appartenaient les hameaux d'Aumessas et de Bez avant de relever des Chapelles du Caladon et d'Esparon? Sans nul doute à Arrigas, qui continua de posséder une partie du territoire de ces nouvelles paroisses longtemps après l'établissement des deux châteaux.

Arre, avons-nous dit, est une paroisse de nouvelle création; le territoire de cette commune relevait autrefois de la paroisse d'Arrigas.

Si Dourbies existait comme paroisse, elle n'avait pas l'étendue qu'on lui voit de nos jours, puisque plusieurs hameaux qui en dépendent, et entre autre Cassanas, ou Notre-Dame-d'Aire dépendaient de l'église d'Arrigas. (2) Dans les anciens titres elle porte le nom de petite chapelle de Dourbies.

Outre son territoire actuel, Arrigas comprenait donc les paroisses actuelles d'Alzon, d'Arre, de Bez, d'Aumessas, de Camprieu. et une partie au moins de celle de Dourbies. On trouvait encore autour de ce village des hameaux qui ont complétement disparu, d'autres qui ont bien diminué d'im-

(1) Archives de l'église d'Arrigas.

(2) Archives de l'église d'Arrigas.

portance (1) C'était, on le voit, la seule paroisse du pays d'Arsat qui fut digne de devenir le siége d'un évêché.

L'ancienne population de ce village peut, sans exagération, être portée à cinq mille habitants. De nos jours, une telle agglomération reçoit le nom de ville; dans les temps anciens, lorsque les centres populeux étaient bien plus rares qu'aujourd'hui, Arrigas devait être une ville assez importante. De nos jours encore, combien n'avons-nous de siéges épiscopaux qui comptent à peine cinq mille habitants? Ce qui prouve surtout l'ancienne importance de ce village, c'est la présence d'un contrôleur et de trois notaires. Un de ces notaires était au chef-lieu; les minutes de ce notariat ont été transportées à Aumessas il y a moins d'un demi siècle; il y en avait un second au Villaret, hameau dépendant de la commune d'Arrigas, et un troisième à Ramegouse, hameau qui a complétement disparu, et qui s'élevait sur le territoire actuel de la commune d'Arre (2)

Le grand nombre de moulins dont on trouve les traces sur le territoire actuel de cette paroisse, accuse une popula-

(1) Parmi les hameaux qui ont complétement disparu, je citerai; Ordines, Boulandiers, Sonabres, Crotières, le Crès, Hordedious, Bassels. la Condamine, Hierles, Roquefeuil et Cavaillac, A cette liste j'ajouterai; Le Tour et Bonnels, qui ne comptent aujourd'hui, le premier que 6 maisons, le 2e qu'une seule et qui étaient autrefois des hameaux assez importants, si on peut en juger par les ruines qu'on y découvre. Une tradition locale rapporte que la population de ces deux hameaux fut presque complétement emportée par la peste qui désola Marseille en 1720. La mortalité fut si grande, surtout au Tour, qu'on inhumait les victimes du fléau sur les lieux même de la désolation.

(2) Papiers de famille.

tion assez considérable. Au midi du village et sur les bords de l'Arre, se trouve encore l'emplacement d'une tannerie. Le nom de Calquières, donné à ce petit enclos, ne laisse aucun doute à ce sujet.

A part la disparition de ces hameaux, le village lui-même a bien diminué en population et en étendue. En dehors de son enceinte actuelle, on trouve d'anciennes rues, dont les maisons sont numérotées. Ces numéros n'annoncent-ils pas un bourg assez considérable?

Jusqu'au milieu du 17e siècle, Arrigas a porté le nom de ville. Pourrait-on trouver une preuve plus concluante en faveur de l'ancienne importance de ce petit bourg? Ce nom de ville n'annonce-t-il pas une assez grande réunion de maisons habitées et par conséquent une agglomération assez considérable d'habitations et d'habitants? Et si Arrigas avait été ce que nous le voyons, aurait-on jamais eu la pensée de décorer un si petit village du titre de ville? Et pourtant on le trouvait désigné, dans les papiers de famille, tantôt sous le nom de ville d'Arrigas, tantôt sous celui de ville d'Arrigalet. Ces pièces, qui se lisaient encore dans les écoles rurales au commencement de ce siècle, c'est-à-dire avant que les manuscrits imprimés eussent remplacé dans les mains des enfants ces chartes précieuses du foyer domestique, ont fini par se perdre entre le toit paternel et la maison d'école. Cette perte est d'autant plus regrettable que la possession de certaines d'entre elles auraient suffi pour trancher la question. On aurait vu que certains papiers rappelaient l'existence de l'évêché d'Arrisitum à Arrigas. En l'absence de ces documents précieux, le compois d'Abraham Sarran, dit le vieux, du 2 Février 1665, dit « que sa maison d'habitation confrontait, du pied et du levant, les murailles de la ville. » Un compois de terre de la même date, appartenant au même propriétaire, nous donne une pareille indication. Arrigas n'était donc pas jadis un petit village, mais un bourg considérable, décoré du titre de ville, et digne par conséquent de devenir le siége d'un évêché.

Puisque Arrisitum donna son nom à tout le pays (Arsat) dans lequel il était situé, il devait en être le bourg le plus important. Or, Arrigas, vu son ancienne population et l'étendue de son territoire peut, de préférence, revendiquer l'honneur d'avoir été le siége épiscopal de ce diocèse.

Mais reprenons les données historiques.

J'ai déjà dit qu'Adrien de Valois place Arrisitum, soit à Ariat, sur le Viaur, soit à Aire, sur la montagne du même pays. Ariat et Aire sont également inconnus sur le Larzac, mais la chapelle de Notre-Dame d'Aire s'élevait sur le territoire de la paroisse d'Arrigas. Monseigneur Seiguier, évêque de Nimes, dans son procès-verbal de visite daté du 16 Août 1674, s'exprime ainsi : « Nous fûmes à Arrigas, « dépendant du chapitre de Montpellier, qui ne rapporte « que 300 livres de rente. L'Église est trop petite; il y a « une très-jolie maison presbytérale que le vicaire a fait « construire, partie à ses dépens, partie aux dépens de la « commune qui lui donna cent pistoles pour cela. Arrigas a « six cents communiants; le chapitre de Montpellier a un « autre prieuré simple dans le même lieu, sous le nom de « *Notre-Dame d'Aire*, qui lui vaut 300 livres de rente. Il « y a encore deux chapelles : l'une de St-Georges, l'autre « de St-Pierre, où il n'y a ni revenu ni prebende. »

Si donc Aire ne se trouve pas sur le Larzac, il est placé dans le lieu d'Arrigas. En admettant que la supposition d'Adrien de Valois ait quelque chose de fondé, le siége épiscopal de l'évêché pourra-t-il se trouver ailleurs qu'à Arrigas, qui voyait la chapelle d'Aire s'élever sur ses dépendances?

« La voie militaire qui conduisait les troupes romaines » de Rodez à Nîmes, allait en droite ligne de St-Jean-» du-Bruel au Caladon, en traversant le pays d'Arsat.»(1) Or, la ligne droite qui joindrait ces deux points, ne pourrait passer qu'à Arrigas ou sur son territoire. Du reste, cette voie militaire est suffisamment indiquée, aux environs du village par le nom des hameaux qu'elle traversait. On trouve *le Viala, le Vialaret, la Vialette, la Viale*, hameaux situés en ligne droite et dans la direction que devait, d'après Dubouchet, suivre la voie romaine.

D'après Vaissettes, le pays d'Arsat s'étendait entre Meyrueis et Vissec; d'après Dubouchet, il se trouvait entre Saint-Jean-du-Bruel et le Caladon. Si l'on tire une ligne droite entre Meyrueis et Vissec, et une autre entre St-Jean et le Caladon, ces deux lignes traverseront le territoire d'Arrigas. Ce village devait donc occuper le centre du pays d'Arsat, et être le siége de l'évêché d'Arrisitum.

D'après Vaissettes, le pays d'Arsat était montagneux et d'un difficile accès, puisqu'il suppose que Théodebert négligea de le soumettre à cause de sa position avantageuse dans les montagnes. Arrigas occupe un vallon situé au centre de Cevennes; il est entouré de montagnes qui resserrent son horizon; les flancs de ces montagnes sont déchirés par de nombreux ravins qui en rendent l'approche excessivement difficile.

D'après Ménard et les auteurs de la Gaule chrétienne le

(1) Dubouchet.

diocèse d'Arrisitum se trouvait dans la 1re Narbonnaise, Arrigas n'a-t-il pas toujours fait partie de cette province?

L'historien de Nimes assure que les paroisses qui composaient ce diocèse avaient d'abord fait partie de la république des Volces Aréomiques. Arrigas faisait jadis partie de cette république qui avait pour limites, au nord les Cevennes, à l'ouest l'Hérault et l'Arre.

« La baronnie d'Hierles, dit le même auteur, située » aux environs du Vigan, en était comme le centre. » Armand, dans ses tablettes militaires, donne à cet évêché le nom d'Arrisitum ou d'Hierles, et assure qu'il occupait presque tout l'arrondissement du Vigan. Arrigas se trouve à 14 kilomètres ouest du Vigan, et par conséquent à peu de distance de cette ville; de plus il a toujours fait partie de cet arrondissement. D'un autre côté, si la baronnie d'Hierles était le centre du diocèse, si surtout on donne indifféremment à cet évêché les noms d'Arrisitum ou d'Hierles, cette baronnie devait en être le siége épiscopal. Il s'agit de savoir où était cette baronnie.

Hierles est connu, dans les anciens monuments, sous le nom de terre Arrisdii, terre de l'Arre, elle devait donc se trouver sur la rivière du même nom, à l'endroit où l'Arre prend sa source. Une tradition locale place le château d'Hierles sur la montagne granitique qui borne au nord, la vallée d'Arrigas, qu'on nomme montagne de St-Pierre ou de St-Peyre, et que M. de Baumefort appelle une montagne sacrée: C'est aussi là que l'Arre prend sa source. Le ruisseau qui déchire les flancs de cette montagne rocheuse, porte, dans le dialecte du pays, le nom de *Bollodieyros*, vallat d'Hierles, et le quartier que ce ruisseau arrose est désigné, sur le plan cadastral, sous le nom de quartier de

Bollodieyres, quartier du ruisseau d'Hierles. Voilà, ce me semble, la position d'Hierles parfaitement déterminée ; la tradition, jointe à la dénomination des lieux, place ce château sur la paroisse d'Arrigas. On a de plus la certitude que le hameau Blanquefort, où s'élevait jadis le château du même nom, dépendait de cette baronnie, tandis que celui de Peyraube, situé à moins de 500 mètres N.-N.-Est du premier, relevait du marquisat de Roquefeuil. Une contestation s'étant élevée entre ces deux hameaux, on vit arriver sur les lieux les juges d'Hierles, qui résidaient à Aulas, et ceux de Roquefeuil qui faisaient leur séjour à St-Jean-du-Bruel, afin de prononcer sur leurs différents. (1)

Entre Blanquefort et le quartier d'Hierles existe encore un chemin assez large, assez bien conservé, pavé dans presque toute sa longueur avec de fortes dalles de granit et qui n'a aujourd'hui aucune destination. Ce chemin devait servir jadis de voie de communication à ces deux résidences seigneuriales.

L'historien du Languedoc dit que la baronnie d'Hierles se composait de plusieurs châteaux situés dans les Cevennes. Nous connaissons autour d'Arrigas et sur son territoire actuel : 1° Le château d'Hierles, celui de Blanquefort, le château d'Albignac, au centre du village, celui de la Condamine, à l'est du village, celui d'Entraygues, du Pont d'Arre, de Sonabre, etc., qui tous relevaient d'Hierles.

La question me paraît suffisamment tranchée : la baronnie d'Hierles n'était autre qu'Arrigas, puisque son château s'élevait sur le territoire de cette paroisse ; et Dom Vaissette, Laboureur, Ménard, Armand et le baron de

(1) Papiers de famille.

Gaujal reconnaissent tous, non-seulement, que cette baronnie faisait partie du diocèse d'Arrisitum, mais qu'elle en était comme le centre. On va même jusqu'à donner à ce diocèse le nom d'Arrisitum ou d'Hierles. Donc, Arrisitum et Hierles désignent un seul et même lieu; et puisqu'Arrigas n'est autre que la baronnie d'Hierles, nom que ce village a porté au moyen-âge, Arrisitum et Arrigas désignent un seul et même bourg.

Que ceux qui veulent ravir à Arrigas l'honneur d'avoir été le siége de l'évêché d'Arrisitum, tournent la question comme il leur plaira; ils seront obligés d'admettre que la baronnie d'Hierles s'élevait à Arrigas, de convenir avec les historiens ci-dessus, que cette baronnie et par conséquent Arrigas lui-même n'est autre qu'Arrisitum, ou de détruire les écrits de ces auteurs. Et en admettant que ces écrits puissent s'anéantir, il restera toujours comme preuve irréfutable l'étymologie de ces trois noms, Arrisitum, site de l'Arre, Terra arisdii, terre de l'Arre, Arrigas, gué de l'Arre.

La baronnie d'Hierles qui avait pour blazon un champ d'Azur parsemé de fleurs de lys d'argent, comme le manteau royal, faisait partie des domaines de la couronne. (1) Sous les faibles successeurs de Charlemagne, lorsque l'Aquitaine et tout le midi de la France méconnaissaient l'autorité des rois de Paris, et que les actes publics commençaient par cette formule : Dieu régnant en attendant un roi, Hierles était toujours soumise à leur autorité. L'acte de donation d'un alleu situé dans le comté de Nimes et la viguerie d'Hierles, en faveur de l'Abbaye de Saint-

(1) Armoiries et papiers de famille.

Guilben-du-désert, et daté de 937, commence ainsi : Dieu régnant et le roi Louis (d'outre-mer.)

Au 13e siècle, la baronnie d'Hierles fut donnée en assises par le roi Saint-Louis, à la maison de Bermond d'Anduze.

« Pierre Bermond, Seigneur de Sauve et d'Anduze, » perdit ses domaines qu'Amauri de Montfort lui confisqua, » en 1220, au nom du roi. Ayant fait sa paix, en 1243, le » roi, à cause de cette perte, lui accorda une rente annuelle » de 600 livres, reversible à ses descendants mâles, sur le » château de Roquedur et la baronnie d'Hierles. Quelques » années après, en vertu d'une charte datée du Camp devant » Joppé, au mois de juillet 1252, l'entière possession de la » baronnie d'Hierles passa dans la maison de Sauve. » (1)

Entraygues, qui relève de la paroisse d'Arrigas, et qui dépendait de la baronnie d'Hierles, était une métairie royale. Jusqu'au 13e siècle, elle a payé une censive au roi de France, ce qui indique une cense, une métairie royale.

Il y a un peu plus d'un quart de siècle, le propriétaire d'Entraygues, évoquant les droits accordés jadis à cette métairie en sa qualité de ferme royale, intenta un procès aux propriétaires d'Arrigas, au sujet du partage et de la distribution des eaux. Il s'appuyait sur les titres et pièces qui font d'Entraygues une ferme de nos rois.

D'où vient qu'Arrigas ait fait partie des domaines de la couronne? J'y vois là une nouvelle preuve que c'est bien réellement l'arrisitum du 6e siècle.

Le diocèse d'Arrisitum appartenait à la famille de Tonance Ferréol, dont le château, Trévidon, s'élevait au quartier de

(1) Armand, tablettes militaires de l'Arrondissement du Vigan.

Trévezels, sur les bords de la rivière de ce nom et sur les anciennes dépendances d'Arrigas. Avant 560, Ansbert petit-fils de Tonance Ferréol et propriétaire du pays d'Arsat, vint s'établir à Metz, auprès des rois d'Austrasie, mais il conserva ses domaines. Son fils, Arnoald-Boggis, ou Bodégisile fut élevé à la charge de Maire du palais, et Pépin le Bref, un de ses descendants, monta sur le trône de France. Les domaines particuliers de cette famille firent dès-lors partie des domaines de la couronne. Il est vrai qu'en 732, après la fameuse bataille de Poitiers, les Sarrazins occupèrent le diocèse d'Arrisitum et toute la Septimanie; mais Pepin, devenu roi de France, entreprit de les chasser de leurs possessions en Gaule. Favorisé par les Seigneurs qui préféraient la domination Franque à celle des sectateurs de Mahomet, Pepin les chassa de la Gaule, et la Septimanie rédevint sans retour, une province française. Redevenu maitre de tout le midi de la France, Pepin dût rentrer en possession de l'ancien château de ses pères et de toutes ses dépendances, et l'ancien pays d'Arsat, l'ancien Arrisitum, la baronnie d'Hierles, en un mot redevint propriété royale. Mais si c'est Arrigas qui était un domaine royal, c'était donc ce village qui était l'ancien Arrisitum, siége de l'évêché érigé deux siècles auparavant en faveur de la famille d'Ansbert devenue alors famille souveraine. Si Entraygues devint une ferme de nos rois, si Arrigas releva de la couronne, c'est que cette paroisse avait jadis appartenu à Ansbert, et c'est là qu'il faut trouver Arrisitum, et non ailleurs.

Il a été dit que « Déotaire, consacrant sa fortune à Jésus-« Christ, avait fait relever le bourg d'Arrisitum. » (1) Si

(1) Auteur de la vie de St Arnoul.

ce prélat qui appartenait à la famille de Tonance Ferréol, dont le père avait épousé la fille de Clovis Ier et le frère la fille de Clotaire Ier, consacra son patrimoine à la reconstruction de ce bourg, comme le rapporte l'auteur de la vie de St-Arnoul et comme l'affirme le baron de Gaujal, il dût construire un bourg assez important. Or, Arrigas était et a été jusqu'au 17e siècle le lieu le plus important du pays d'Arsat.

« Arrisitum, dit l'auteur des annales du Rouergue, devait « contenir quelques édifices considérables. La cathédrale où « Mundéric fut sacré, le palais épiscopal et peut-être aussi « quelques bâtiments publics, fruit de la munificence de « Déotaire, était de nature à laisser des vestiges. » (1) Après avoir cherché les vestiges de ces monuments sur le Larzac, cet auteur s'exprime ainsi : « Il ne serait pas même extraor- « dinaire que l'opinion qui place les ruines d'une ville « sur le Larzac n'eut aucun fondement. Ce vaste plateau « est hérissé de vastes rochers, pittoresquement groupés et « placés verticalement, qui de loin paraissent un amas d'ha- « bitations ; et l'illusion ne se dissipe que lorsqu'on est « arrivé au pied. Il n'est pas de voyageurs qui en traversant « cette montagne n'ait éprouvé de pareilles méprises ; on « n'aura donc, au sujet des ruines d'Arrisitum, des résultats « positifs, qu'autant qu'un homme instruit et zélé s'en sera « spécialement occupé. J'ai fait faire inutilement des « recherches à ce sujet, mais le temps et d'heureux hasards « peuvent amener d'heureux résultats. »

Jetons un coup d'œil sur Arrigas, et voyons si on n'y rencontre pas les vestiges de quelques monuments semblables à ceux dont parle le baron de Gaujal.

(1) Le baron de Gaujal.

J'ai déjà dit que ce village possédait une jolie maison curiale. En effet, telle qu'elle est de nos jours, elle se compose de dix pièces habitables, toutes au premier étage. Il y a de magnifiques caves, de belles écuries, d'immenses greniers, et est attenante au chœur de l'église par un petit porche jeté sur la rue. A elle seule, elle suffit largement au logement de trois familles. Cependant ce pourrait bien n'être qu'une faible partie de l'ancien presbytère.

En 1626, le duc de Rohan, après s'être emparé du pont d'Arre, vint mettre le siége devant l'église fortifiée d'Arrigas. S'en étant emparé, il mit tout à feu et à flamme, ne respectant ni l'église ni le presbytère. La maison curiale disparut devant ce fanatisme religieux, et en 1670, deux commissaires (1) furent chargés de chercher un nouvel emplacement pour la cure. Après un mûr examen ils déclarent « que ladite maison presbytérale ne pouvait être « batie que sur le plan ou jadis elle avait été construite,... « attendu qu'il y reste encore quelques vieilles masures « qui peuvent servir à ladite bâtisse, lesquelles bâtisses « confrontent du levant les fossés » . (2) Et en effet, au mur du levant on voit encore, à l'angle du S. Est, un pan de mur qui a appartenu au presbytère détruit par Rohan. Les commissaires déclarent encore, dans leur procès-verbal de visite, qu'on donnera *trois étages au* nouveau presbytère.

Il y a tout lieu de supposer que les commissaires étaient dans l'intention de rebâtir le presbytère tel qu'il existait

(1) Randon, notaire royal et bâchelier du lieu de Bez, et Begon notaire royal et bâchelier en droit de la ville du Vigan.

(2) Procès verbal de visite.

avant le passage de Rohan, et que l'ancienne maison curiale devait avoir trois étages, ce qui aurait donné *trente* pièces habitables. Si monseigneur Séguier trouvait le presbytère très joli, avant sa destruction il devait être un véritable château avec les trente chambres et les trois étages qu'il est permis de lui supposer, car monseigneur Séguier ne vit que la maison actuelle composée d'un seul étage.

Que dirons-nous de l'église?

Rohan nous apprend qu'après s'être emparé du pont d'Arre, maison d'un gentilhomme appelé d'Albignac, il se porta sur Arrigas, dont l'église fortifiée incommodait la viguerie du Vigan. (1) Il fallait que cette église fut admirablement défendue pour incommoder à elle seule, une viguerie composée de 12 paroisses. Rohan employa, pour en faire le siége, 1,500 hommes de pied. 200 chevaux et du canon. (2) Les forces des assaillants peuvent donner une idée de l'importance de cet édifice.

Cette église était entourée de fortes murailles dont on aperçoit encore des traces en plusieurs endroits. Autour de ces murs régnait un large fossé, qui existe encore au levant et au couchant; au midi ils arrivaient à l'Arre. De nos jours onze maisons sont situées dans l'enceinte de ces fortifications. Deux tours protégeaient ces murailles. Celle du levant, appelée Tourette ou petite Tour a été conservée; elle est carrée et porte une large ouverture à chacune de ses faces latérales; le toit, en forme de pyramide, est à quatre égouts. Avant 1789 elle portait deux cloches, qui ont été emportées par la tourmente révolutionnaire. Cette tour

(1) Rohan.

(2) Rohan

est aujourd'hui à un seul étage, mais dans le principe, elle en avait deux; l'administration locale ordonna, par délibération, de l'abaisser de deux cannes, (4 mètres) attendu qu'en cas de dégradations à la toiture, les ouvriers n'y montaient qu'avec peine. (1) La tour du levant, qui s'élevait sur le transept de l'église n'a pas été reconstruite, mais la rue adjacente porte le nom de rue de sous la tour, pour rappeler qu'elle s'élevait en cet endroit. Elle devait être plus forte que celle du couchant qui s'élève sur la porte principale de l'église, puisque pour les distinguer, on appelait cette dernière tourette (petite tour).

L'ensemble de ces fortifications portait le nom de fort, c'est ce qui est indiqué par la rue qui, partant de la petite porte de l'église, longe le presbytère au couchant et au midi et aboutit aux fossés du levant; cette rue qui était comprise dans l'intérieur des murailles porte le nom de rue du fort.

Au midi du village, à l'endroit où les murs du fort arrivaient à l'Arre, se trouve un aqueduc, de construction antique, dont la forme a disparu sous le feuillage verdoyant du lierre. Cet aqueduc servait à amener l'eau dans l'intérieur de cette double forteresse. Son nom, du reste, ne laisse aucun doute à ce sujet : il est connu sous le nom du Pont de Saint-Esprit.

Je dis double forteresse, car ces fortifications, tout imposantes qu'elles étaient, ne servaient qu'à protéger l'église et le presbytère; le village lui-même avait son mur d'enceinte comme nous l'apprennent les registres publics, les papiers de famille et le compois d'Abraham Sarran, dit le vieux.

(1) Archives d'Arrigas.

Ces fortes murailles, ces tours, uniquement destinées à abriter l'église et le presbytère n'annoncent-elles pas la présence d'un puissant Seigneur du moyen-âge, c'est-à-dire d'un évêque?

Les autres villages ou bourgs qui présentent des vestiges de fortification, ne nous offrent d'ordinaire rien de semblable. C'est seulement un mur d'enceinte flanqué de tours; mais où trouve-t-on un mur d'enceinte, muni de tours, uniquement destiné à protéger l'église et la cure?

Dans l'intérieur des villes, au moyen-âge, on trouvait bien des maisons fortifiées, mais c'était toujours des habitations seigneuriales, les maisons des puissants barons de l'époque. Les tours surtout étaient le signe de la puissance, et à Arrigas, ces fortifications annonçaient comme ailleurs la présence d'un Seigneur. Mais ce Seigneur qui habitait le presbytère pouvait-il être autre chose qu'un évêque?

Si dans les siècles passés, Arrigas avait été ce qu'il est de nos jours, c'est-à-dire un petit village, quel aurait été le but de ces grandioses constructions? Pourquoi un pareil édifice? Mais admettons un évêque à Arrigas, un évêque surtout de la famille de Tonance Ferréol, un frère d'Ansbert dont le château, Trévidon, placé à l'extrémité nord de cette commune pouvait devenir à tout instant le point de mire des Visigoths, à cause de l'attachement de cette famille pour les rois d'Austrasie et nous comprendrons qu'un tel édifice, une pareille citadelle, si je peux m'exprimer ainsi, fut nécessaire pour arrêter les efforts des Ariens et sauvegarder les intérêts de cette famille.

Si donc le baron de Caujal n'a découvert sur le Larzac aucun reste de monuments qui put faire soupçonner l'existence d'Arisitum, il n'en est pas de même à Arrigas. Là, on retrouve, au contraire, les traces de monuments qui ne sauraient être que les vestiges du palais de Déotaire, ou de la cathédrale de ce pontife.

Ceux qui veulent ravir à Arrigas l'honneur d'avoir été l'Arrisitum du 6e siècle, se fondent sur ce que son église n'est qu'un édifice de moderne construction.

Sans doute, cette église ne date pas du 6e siècle, mais elle s'élève sur l'emplacement qu'occupait l'ancienne cathédrale où Mundéric fut sacré. Cette basilique fut détruite par Rohan au mois d'Octobre 1626 et relevée en 1646, c'est-à-dire vingt ans plus tard. Sur le devis de reconstruction signé par le sieur Pierre de Montpellier, prieur d'Arrigas, on lit : « MM. Pierre Barrial et Ene Trial, docteurs en « droit, chanoine de l'église cathédrale de Montpellier, « députés par le chapitre, livrent à prix fait, au M. Michel « Valauris, prêtre et vicaire perpétuel de l'Eglise de St- « Genès d'Arrigas, au diocèse de Nimes, les travaux de « reconstruction de ladite église, qu'il se charge de faire « bâtir et redresser et remettre en son ancienne forme. Le « chapitre sacrifie la rente de six ans pour prix de ladite « reconstruction. »

Puisque la nouvelle église a été bâtie, redressée et remise en son ancienne forme, l'intérieur doit reproduire exactement la distribution de la basilique primitive. Aussi un œil exercé pourrait bien y trouver le nartex extérieur, le nartex intérieur, le diaconicum, la prothèse, même le sanctuaire et l'abside dont parle l'auteur de l'archéologue chrétien. Et cette enceinte munie de tours, destinée à protéger l'église et ses dépendances n'était-ce pas la péribole de la basilique détruite par Rohan ? Cette voûte élancée et à plein cintre, ces pillers latéraux qu'on remarque dans l'intérieur de l'église, ces élégantes arêtes qui, allant d'un piller à l'autre, se croisent au centre de la voûte, à peu près comme à Maguelonne, ne rappellent-ils pas la disposition des basiliques de la primitive église? Mais veut-on une preuve irrécusable que l'église actuelle d'Arrigas recouvre les ruines d'une église plus ancienne? La voici :

Avant 1863, l'église d'Arrigas n'avait point de chapelles, à cette époque on en construisit deux, l'une dédiée à la Sainte-Vierge et l'autre à Saint-Joseph. Lors de l'établissement de ces chapelles, dans les fouilles que leur construction occasionna, on trouva des tombeaux, dont quelques-uns arqués. Ils consistaient en pierres posées perpendiculairement, formant trapèze, et recouverts avec d'autres pierres placées sur les premières, tantôt horizontalement, tantôt en forme de dos d'âne ou d'arc. Ces tombeaux, dans lesquels on n'a trouvé ni symbole, ni insignes, ni devises, ne semblent-ils pas appartenir à une époque très reculée?

Monsieur Gareizo, dans son archéologue chrétien, rapporte « que les tombeaux apparents de cette longue pé» riode (du 4e au 11e siècle) ressemblent généralement » aux tombeaux antiques, qu'ils consistent le plus souvent » en coffre de marbre ou de pierre commune, à couvercle » plat, convexe ou prismatique; que les tombeaux non » apparents étaient toujours fort simples, que leurs cou» vercles avaient les mêmes formes variées que ceux des » tombeaux apparents, (plats, convexes ou prismatiques,) » mais sans aucun ornement. »

Les tombeaux trouvés dans l'église d'Arrigas n'étaient pas apparents; ils avaient les uns un couvercle plat, les autres une couverture arquée, mais sans ornement. Ne serait-ce pas là des tombeaux appartenant à la période dont parle l'auteur de l'acrologe chrétien? Peut-on supposer que l'existence de pareils tombeaux soit postérieure à l'époque de la reconstruction de l'église en 1640? De pareils monuments annoncent une époque bien plus reculée, et ils devaient appartenir à la basilique qui fut détruite par Rohan, en 1625.

On pourra m'objecter que, si ces tombeaux avaient existé avant la destruction de l'église, ils auraient disparu lors de cette destruction, ou tout au moins lors de la reconstruction de l'édifice. Mais il est dit dans les devis de reconstruction tant de l'église que du presbytère, « qu'il y reste encore quelques vieille masures qui peuvent servir dans la nouvelle bâtisse. » En effet on voit encore à la façade Est du presbytère, des vestiges de l'ancien mur d'enceinte. A l'église, lors de l'établissement des chapelles, les ouvriers, en pratiquant l'ouverture, rencontrèrent des pans de mur dont les pierres posées par assises réglées, étaient jointes par un ciment romain, tel que celui qu'on rencontre dans les constructions de l'époque de l'occupation romaine. Ce ciment était tacheté d'une espèce de cailloutage rouge tel que celui dont on se servait à l'époque de la primitive église. On remarque de plus que les fondations de l'édifice étaient presque en entier bâties de cette manière. Peut-on penser que ces pans de mur, qui présentaient une solidité telle que les pics s'émoussaient avec rapidité et que les ouvriers avaient bien de la peine à démolir, appartinssent à la reconstruction qui eut lieu en 1646? Voit-on de ce ciment dans les constructions de cette époque? Non sans doute, on n'en rencontre que dans les ouvrages de l'époque romaine, et cela seul suffit pour prouver que l'église actuelle d'Arrigas recouvre les vestiges d'un édifice dont l'existence remontait au temps de la primitive église.

et c'est assurément les restes de la cathédrale de Déotaire, dont on ne trouve ailleurs aucune trace.

Les travaux faits en 1616 à l'église d'Arrigas sont donc plutôt une grande réparation qu'une entière construction et les tombeaux placés d'ordinaire vers les fondements de l'édifice qui n'avaient pas été détruits, ont dû rester intacts et être conservés jusqu'à nos jours, comme pour témoigner de l'antique origine de la paroisse d'Arrigas.

Mais ce n'est pas seulement l'église et le presbytère qui témoignent de l'ancienne importance d'Arrigas, ce sont encore les nombreux châteaux dont on aperçoit les ruines dans les environs, le grand nombre de familles nobles ou seigneuriales qui se groupaient autour de ce bourg et les nombreuses chapelles qui rayonnaient autour de son église. Avant de parler de ces châteaux, de ces chapelles, de ces familles nobles établies autour d'Arrigas, examinons les causes auxquelles on peut attribuer leur présence sur cette paroisse.

Au sixième siècle, les évêques étaient de puissants seigneurs; les rois eux-mêmes avaient recours à eux tant pour la rédaction de leurs codes, que pour leur correspondance particulière. « Ils assistaient aux assemblées géné- » rales de la nation, étaient toujours nommés les premiers » dans les diplômes; aucune assemblée où l'on ne les voit » paraitre : ils jugent avec le roi dans les plaids, et leur nom » est placé au bas de l'arrêt, immédiatement après celui du » roi; ils sont souverains de leurs villes épiscopales; ils » ont la justice, battent monnaie, ils lèvent des impôts et » des soldats » (1) en un mot, « ils font tous les actes de

(1) Chateaubriand analyse résonnée de l'histoire de France page 25.

» souveraineté.» (1) Chilpéric, qui les haïssait, disait souvent : «Notre fisc devient pauvre, nos richesses sont » transférées aux églises,, ce sont les évêques qui règnent; » notre dignité périt et leur est transportée.» (2)

Telle était l'autorité dont les évêques étaient investis, et l'histoire nous montre à chaque pas l'importance du rôle qu'ils jouaient dans la Gaule. « Dépositaires des vérités « morales et religieuses, héritiers des traditions romaines, « ils travaillaient noblement à adoucir les mœurs, à soulager « les souffrances, à défendre l'injustice, à former les bar- « bares à la pratique du christianisme, à les élever jusqu'à « l'intelligence de la civilisation. » (3) Cette tâche était noble, mais elle était grande, et pour y réussir, les évêques devaient s'entourer d'un nombreux clergé, destiné à les remplacer auprès des populations rurales. A côté de chaque évêché devait se trouver un grand nombre de chapelles desservies par des prêtres séculiers, dont la principale fonction était d'instruire le peuple des campagnes, et d'assurer l'exactitude du service religieux.

L'évêché d'Arrisitum devait suivre la loi commune, et autour de ce siége épiscopal devait s'élever un certain nombre de chapelles, afin que l'évêque put trouver, dans les prêtres qui les desservaient, des auxiliaires dévoués, destinés à le seconder dans la grande œuvre de conversion, d'instruction et de civilisation qui lui était imposée par les devoirs de son ministère.

Que trouvait-on autour d'Arrigas? Douze chapelles qui

(1) Lavallée histoire de France tome 1 page 73.

(2) Lavallée histoire de France tome 1 page 73.

(3) Herbault et Margerin, histoire de France page 62.

formaient comme une vaste ceinture autour de ce bourg. (1) Pourquoi ces chapelles? Je ne vois, dans les prêtres qui y étaient attachés, que les coopérateurs dévoués de l'évêque d'Arisitum; mais, dans ce cas, où pouvait se trouver le siége épiscopal, si non à Arrigas qui est comme le centre autour duquel rayonnaient ces petites églises?

Non-seulement les évêques etaient chargés de civiliser et d'instruire le peuple de la Gaule, mais ils étaient aussi appelés à défendre l'injustice, à faire respecter les intérêts du faible, à mettre un frein aux entreprises audacieuses et souvent injustes des puissants et des forts. Non seulement ils sauvegardaient les intérêts des vassaux, mais ils leur offraient encore un asile assuré et inviolable contre les persécutions de leurs suzerains. Ce droit d'asile était tellement respecté, que Chilpéric lui-même, ce Néron de la France, n'osa jamais enfreindre celui que son fils Mérovée avait trouvé dans l'église métropolitaine de Tours.

Si un roi, et un roi du caractère de Chilpéric n'ose pas se saisir de sa victime réfugiée à l'ombre du sanctuaire, combien ces basiliques devaient-elles paraître respectables et sacrées aux simples seigneurs!

Dans ces temps de violence, où l'on ne reconnaissait d'autres lois que la force, les petits vassaux qui se trouvaient souvent exposés aux vexations d'un supérieur qui ne voyait rien au-dessus de sa volonté, venaient dans la circonstance, implorer la protection de leur évêque, et lui demander asile. Pour être plus à portée de recourir à ce protecteur

(1) Ces chapelles étaient : Notre Dame d'Aire, St Pierre de Merlay. St Guiral, St Génes, St Hilaire d'aumessas, St Laurent d'Alzon, St Christophe des Trestoulières, St Blaise d'Aire, St Martin d'Alzon, La chapelle de Tour et celle de Fasalle.

puissant, à ce gardien unique de la justice et de la bonne foi, ils vinrent s'établir auprès du palais épiscopal, comme pour former une garde d'honneur à leur évêque, et se placer sous sa puissante protection.

Il devait donc se trouver, autour de chaque palais épiscopal, une foule de seigneur, vassaux, pour la plupart, de seigneurs plus puissants qu'eux, et qui avaient besoin, dans certains cas, de recourir à la protection de l'évêque, ou de trouver à l'ombre du sanctuaire, un refuge assuré contre les persécutions et les violences.

Arrigas semble être le rendez-vous de toute la noblesse des environs. Pour s'en convaincre, on n'a qu'à jeter un coup-d'œil aux alentours du village, et à considérer les ruines des nombreux châteaux disséminés sur la surface montueuse de son territoire, ou qu'à ouvrir les registres du bureau de bienfaisance et ceux de la confrérie du Saint-Sacrement, sur lesquels se trouvent les signatures de 33 familles nobles ou seigneuriales, toutes domiciliées à Arrigas ou propriétaires de cette commune. En effet, à part le presbytère qui était un véritable château-fort, on trouve le château de Sanobre et celui de Boulandiers, au Tour; les châteaux du Pont d'Arre, celui d'Entraygues, ceux de la Condamine, de Blanquefort, d'Hierles, de Roquefeuil, de d'Albignac, au centre du village. Tous ces manoirs s'élevaient sur le territoire actuel de la paroisse d'Arrigas. Sur les anciennes dépendances de cette paroisse, on trouve encore le château du Caladon, d'Esparon et le fort Ferlet. Enfin, autour de ce village et sur les limites de son ancien territoire, se trouvaient les châteaux de Blandas, de Belfort, de Vissec, de Saint-Michel et de Montdardier.

Si nous ouvrons les registres de cette paroisse, nous

trouvons sur celui du bureau de bienfaisance commencé le 17 septembre 1693, les signatures suivantes : Noble Jean Dupont, seigneur de Bonnels, Pascal Mahistre, seigneur du Crouzet, de Beaufort, d'Estelle, noble Jean-François de la Valette, Annibal, seigneur de Cassanas, Timothé Guichard, seigneur de Campestre, Jacques Combette, seigneur de Sonabre, de la Garde, de Roubignac, d'Unal, Jean d'Albignac, Fulcrand d'Assas, Marc d'Assas, Fulcrand Randon Bastié d'Arre, de Velbèze, Charles d'Albignac, Noble Jean Duclos, de Quatrefiges, Jean de Vissec, de Blanquefort, le Curé, seigneur de Campet, rivière (campricu.)

Sur les registres de 1696, on trouve encore : MM. de Ressenson, des Croses, du Caladon, de Bonnels.

Sur le registre du Saint-Sacrement de 1667, on voit les noms suivants : de la Fabrégue, de Fabre, de Vernet, de Sarran.

Enfin, sur celui de 1683, on rencontre : MM. de Redoussat, de la Combe, Braham de Malian et de la Baume.

La réunion de tant de familles nobles sur ce point n'indique-t-elle pas la présence en ce lieu d'un seigneur Suzerain et protecteur, c'est-à-dire d'un évêque? car, à part les raisons données plus haut, il en est une autre qui nous explique la réunion des seigneurs autour des palais épiscopaux.

Chateaubriand, dans son analyse raisonnée de l'histoire de France, page 27, nous apprend « que le dénombrement » des églises, des villes et des villages et terres dépendants » de l'abbaye de Saint-Riquier, présente le nom de cent » chevaliers attachés au monastère, lesquels chevaliers composent à l'abbé, aux jours de Noël, de Paques et de la » Pentecôte une cour presque royale. »

Si un simple abbé avait une cour presque royale, n'est-il pas permis de supposer qu'un évêque qui était suzerain de sa ville épiscopale, et qui exerçait tous les actes de souveraineté dans son diocèse, avait la sienne? Ne peut-on pas considérer cette foule de seigneurs établis autour d'Arrigas, comme l'ancienne garde d'honneur de l'évêque d'Arrisitum, comme le personnel de sa cour? Mais alors pourra-t-on placer le siége d'Arrisitum ailleurs qu'à Arrigas, autour duquel rayonnaient tous ces manoirs féodaux et sur le territoire duquel se groupaient toutes ces familles nobles?

Nous voyons encore qu'en 1673, le curé d'Arrigas portait le titre de seigneur de camp et riviére, c'est-à-dire du village actuel de Camprieu. Or, il a été dit que le quartier de Trévezels, où s'élevait jadis Trévidon, château de Tonance Ferréol et d'Ansbert, se trouvait dans les environs de Camprieu et sur ses dépendances. D'où les curés d'Arrigas pouvaient-ils tenir ce titre? évidemment des premiers évêques d'Arrisitum, dont la famille avait l'entière et franche possession de tout le pays, et dont le château s'élevait sur le territoire de Camprieu. Ces premiers évêques durent prendre le titre de seigneurs du château de leurs pères, titre qu'ils se transmirent d'abord les uns aux autres, et qu'ils léguèrent ensuite aux curés d'Arrigas. Mais alors ces curés étaient les véritables successeurs des Déotaire et des Mundéric, leur église, la vraie cathédrale de ces pontifes, et Arrigas leur ville épiscopale.

Pour terminer, il me reste à parler d'une médaille qui a été trouvée à Arrigas; du séjour que les évêques venaient y faire chaque année; et enfin, comme dernière preuve, de la tradition, qui fait, d'Arrigas l'Arisitum du VIe siécle.

Dans les ruines de la chapelle de St-Georges, qui s'élevait sur le territoire d'Arrigas, on a trouvé une médaille épiscopale. (1) Elle était de forme ronde, cavée dans toute sa longueur, et représentait un évêque revêtu d'une chape. Elle avait deux trous, l'un de chaque côté de l'agrafe qui servait à assujetir la chape.

Quelques personnes ont supposé que c'était un sceau épiscopal, et que les deux trous placés à la chape représentaient l'endroit où s'attachaient d'ordinaire les bulles ou brefs émanant de la cour de Rome. Ce sceau épiscopal ne semble-t-il pas indiquer l'existence d'un évêché à Arrigas ?

Dès que la ville d'Alais fut honorée d'un siége épiscopal; Arrigas dépendit de ce diocèse. Jusqu'à la fin du dernier siècle, les évêques de cette ville venaient faire, chaque année, des séjours plus ou moins prolongés dans cette petite paroisse. C'est ce que nous apprend une tradition locale, et ici, comme il arrive presque toujours, la tradition est en rapport avec les écrits qui se trouvent dans les archives de l'église d'Arrigas. Ainsi, le chevalier de Saulx, évêque d'Alais, a présidé les assemblées des membres du bureau de bienfaisance de cette paroisse, depuis le 13 juillet 1690, jusqu'au 17 août de la même année. Les délibérations consignées au régistre du bureau de bienfaisance commencé en 1688, sont toutes revêtues de la signature de ce prélat.

Un autre évêque d'Alais, François, qui fut sacré le 29 août 1691, arrivait à Arrigas, le 3 octobre de la même année, c'est-à-dire 35 jours après son sacre.

(1) M. le curé d'Arrigas, qui a bien voulu me communiquer quelques notes ayant trait à mon mémoire, a eu, pendant quelque temps, cette médaille à sa disposition.

On lit, dans une délibération du 3 octobre 1694 : le dimanche 3 octobre 1694, le bureau s'étant assemblé extraordinairement, en présence de monseigneur l'évêque, on a arrêté ce qui suit : les pauvres ayant été traités le jour du sacre de monseigneur l'évêque, (29 août 1694), monsieur le recteur a voulu payer ce qui fut dépensé ce jour là pour leur nourriture ; etc. Et ladite délibération a été signée par François, évêque d'Alais, et Guenarre, jésuite secrétaire.

Les délibérations du 16 juillet 1688, 13 juillet 1690, 17 août 1690, 12 septembre 1692, et 29 août 1693, sont signées F. chevalier de Saulx, évêque d'Alais et Desjardin, jésuite, secrétaire.

Pourquoi cet empressement de l'évêque François à se rendre à Arrigas immédiatement après son sacre? Pourquoi ces séjours fréquents des évêques à Arrigas? N'est-ce pas là une pratique encore en usage dans l'épiscopat de réserver la première visite pour les villes du diocèse qui ont été, dans le temps, le siége d'un évêché, et d'y faire ensuite de fréquents voyages? Ce n'était pas certainement l'importance du village d'Arrigas qui déterminait les évêques d'Alais à venir y faire de fréquents séjours, mais c'était sans contredit, en mémoire de l'évêché dont ce lieu fut le siége, et des prélats qui l'illustrèrent par leur sainteté et leurs vertus. Mais alors Arrigas est bien l'Arisitum du VIe siècle : les évêques d'Alais venaient chaque année en consacrer le souvenir par leurs séjours plus ou moins prolongés.

Tous ceux qui s'occupent de l'histoire savent quel cas il faut faire de ces traditions locales qui, à travers les siècles, se conservent parmi les peuples, se transmettant, comme un héritage, de génération en génération.

Une tradition locale, familière dans tous les temps aux

habitants du village d'Arrigas, rapporte que ce petit bourg était autrefois le siége d'un évêché. Que dira-t-on d'une pareille donnée qui, à douze siècles d'intervalle, se conserve encore toute vivace dans l'esprit des habitants? Il faut qu'elle rapporte un fait incontestable pour s'être conservée pendant plus de douze cents ans au sein d'une population uniquement occupée des travaux agricoles. Cette tradition d'accord avec l'étymologie, les données historiques, et que viennent confirmer les anciennes bâtisses découvertes à l'église d'Arrigas, et l'ancienne importance de ce village, n'est-elle pas une preuve frappante, irrécusable qu'Arrigas est réellement le siége de l'évêché d'Arrisitum?

M. le comte de Péguciroles, dans une brochure intitulée le Larzac, lettres à un de mes amis, et où il s'est occupé de l'évêché d'Arrisitum, dit à la page 13 : « Les traditions n'ont de valeur qu'autant qu'on les saisit dans « toute leur pureté, et avant qu'elles aient été effleurées « par les écrits des savants. Une tradition concernant Arrisitum pourrait avoir de l'importance, recueillie il y a « plus de deux siècles; mais saurait-on aujourd'hui si sa « véritable origine ne se trouverait pas dans les nombreuses « recherches dont cette question a été l'objet? »

Je ne pense pas qu'il en soit d'une tradition comme d'une fleur qui perd son parfum et sa beauté quand une main étrangère est venue la cueillir, et profaner le calice qui contenait son arôme. Une tradition effleurée par des écrits auxquels elle donne de la force et de valeur, ne saurait rien perdre elle-même de son importance. Elle reste après ce qu'elle était avant, c'est-à-dire une vérité qui va se répéter d'âge en âge, et se perpétuer au sein des générations actuelles, comme un présent qui lui est légué par les générations passées.

Et comment cette tradition trouverait-elle sa véritable origine dans les nombreuses recherches dont le siége de l'évêché d'Arrisitum a été l'objet, puisqu'aucun de ces écrits ne place Arrisitum à Arrigas, puisque, jusqu'à nos jours, tous les auteurs avaient été unanimes pour placer le siége de cet évêché sur le Larzac? Ces écrits, qui combattaient les prétentions des habitants d'Arrigas, qui éloignaient de leur village les vestiges de l'ancien Arrisitum, étaient-ils de nature à donner naissance à une pareille tradition? Ils auraient pu, au contraire, étouffer cette tradition, si elle avait été moins profondément gravée dans tous les cœurs, si sa donnée avait été au moins douteuse. Donc, pour s'être conservée jusqu'à nos jours, elle n'en a que plus de force et plus de valeur.

» Elle aurait de l'importance, si elle avait été recueillie depuis plus de deux siècles, » nous dit le même auteur. Tel est le langage de ceux qui veulent ravir à Arrigas l'honneur qu'ils revendiquent. Ecrasés par la puissance de cette tradition et voulant en détruire le mérite, on se hâte de dire que c'est le curé actuel d'Arrigas qui, par amour pour son clocher a implanté cette tradition dans le cœur de la population, et qu'elle ne remonte pas au delà de 1835. Cependant le prieuré d'Arrigas a été occupé pendant pr… de 150 ans, par des prêtres appartenant à la famille Barraly. Pendant ce temps, ce prieuré semblait héréditaire dans cette famille, qui se le transmettait de oncle à neveu. Cette famille a pu et dû s'occuper de l'origine de ce prieuré, et tous ceux de ses membres qui l'ont administré, ont été pleinement convaincus qu'Arrigas était l'ancien siége de l'évêché d'Arrisitum. A cette époque cette tradition existait, et si l'on fait attention que le dernier prêtre appartenant à cette famille est mort dans la paroisse d'Arrigas, au commencement de 1833, il y a par conséquent près de 37 ans; si on réfléchit que les Baraly ont été prieurs d'Arrigas pendant 140 et tant d'années, on sera forcé d'avouer qu'il y a au moins 180 ans que cette tradition existait comme elle existe aujourd'hui. Elle a été recueillie depuis près de deux siècles, et, d'après l'auteur que j'ai cité, elle doit avoir de l'importance.

M. Bourilhon, curé actuel d'Arrigas, à son arrivée dans cette paroisse, au mois de Septembre 1833, a trouvé cette tradition toute vivante dans le cœur de ses paroissiens. Frappé de cette tradition qui était, pour lui, palpitante d'intérêt, il a cherché à approfondir cette question, consulté les vieillards qui en étaient comme l'écho, compulsé les archives de son église, et tout est venu confirmer le récit d'une tradition dont il s'est plu à être le continuateur, mais sans en altérer la pureté, voulant la transmettre aux générations futures telle qu'il l'avait reçue des quelques rares témoins d'une génération éteinte dont il venait d'évoquer le souvenir. A mon tour j'ai interrogé ces derniers restes d'une génération qui n'est plus, et j'ai acquis la certitude que cette croyance qu'on attaque avec tant de vivacité avait été toujours et dans tous les temps, profondément enracinée dans l'esprit et dans le cœur de mes concitoyens. Peut-on avoir une preuve plus décisive que cette tradition qui s'est perpétuée, sans interruption, pendant plus de douze cents ans, dans le village d'Arrigas? Il est impossible, avec des données si précises, corroborées par les données historiques, par l'étymologie, par les ruines même, de pouvoir refuser à Arrigas l'honneur qu'il revendique.

Rivoire, dans sa statistique du Gard, dit, en parlant d'Arrigas : « Une tradition locale rapporte que ce village,

» autre fois plus grand que ce qu'il est aujourd'hui, était » le siége d'un évêché. On trouve, en effet, ça et là, sur » les diverses parties de la surface montueuse de son terri» toire, des débris de vieux châteaux et de maisons agglo» mérées, ce qui fait croire à l'existence de plusieurs » hameaux dépendants d'Arrigas.»

Le baron de Gaujal, dans un écrit publié à Rodez en 1819, et ayant pour titre : tableau historique du Rouergue, cherche à prouver, par tous les moyens possibles, qu'Arrisitum était situé sur le Larzac. Après avoir fait connaître les motifs qui ont déterminé son opinion, il s'écrie tout-à-coup :

« Non loin de Trèves, et sur les limites de l'Aveyron et » du Gard, se trouve un bourg nommé Arrigas, qui pourrait » être l'Arrisitum construit par Déotaire. Ce lieu est men» tionné par le duc de Rohan, lequel rapporte qu'en 1625, » il prit Arrigas, église fortifiée, qui incommodait la vi» guerie du Vigan. Il est assez vraisemblable que de même » qu'Arrisitum put faire donner au pays où il était situé, » sa dénomination primitive, Arsat, le nom d'Arrigas, » devenu Arsiag, par une transformation facile, a pu être » l'origine de la dénomination actuelle du Larzac qui, dans » les titres de 864 est appelé Larciacum.»

Qu'aurait dit cet auteur s'il avait eu connaissance de tout ce que je viens de rapporter au sujet d'Arrigas ? Le doute qu'il émet, comme malgré lui, se serait changé en réalité, et il aurait été pleinement convaincu que ce village est réellement l'Arrisitum du 6e siècle.

Le comte de Pégueirole n'a-t-il pas été obligé de reconnaître que le village d'Arrigas était, avec Alzon, le point le plus central du diocèse d'Arrisitum ? Mais Alzon ne peut pas avoir été le siége de cet évêché, attendu qu'il n'est pas situé sur l'Arre.

Avant d'enlever à ce bourg l'honneur qu'il revendique, qu'on cherche ailleurs un lieu qui réponde mieux à tout ce qui a été écrit au sujet d'Arrisitum. Jusqu'alors nous sommes en droit de dire : Arrigas est le siége de l'évêché d'Arrisitum, le séjour de Déotaire et de Mundérie, la patrie de Tonance et d'Ansbert, et par conséquent le lieu d'origine de nos rois de la seconde et peut-être de la troisième race.

TROISIÈME PARTIE

Érection de cet Évêché

Évêques qui en ont occupé le siége

Les historiens ne s'accordent ni sur l'époque de l'érection du diocèse, ni sur les motifs qui l'amenèrent. Le père le Cointe dit « que Théodebert, fils de Thierry, roi de Metz, « s'étant emparé de la Septimanie, du Rouergue et du pays « d'Uzège, établit l'évêché d'Arrisitum, composé de paroisses « enlevées aux évêchés d'Uzès, de Nimes et de Rodez » . Ce serait donc vers l'an 533, lors des conquêtes de Théodebert, que cet évêché aurait été formé. Mais il a été déjà dit que ce prince n'avait pas eu à faire la conquête de l'Uzège, puisque ce pays avait toujours appartenu aux Francs depuis la bataille de Vouglé.

Vaissette suppose que cet évêché existait avant les conquêtes du fils de Thierry. « Il pourrait bien se faire, dit- « il, que cet évêché eût été fondé par les Visigoths, avant

« que le pays eût été reconquis par les Francs, mais nous « n'en connaissons les évêques qu'à partir du moment où « il est retombé sous la domination des rois d'Austrasie » ; et il suppose, d'un autre côté, que Théodebert négligea de soumettre le pays d'Arsat, « soit à cause de sa position « avantageuse dans les montagnes, soit parcequ'il voulait « porter ses armes ailleurs » .

Pour peu qu'on réfléchisse, on voit qu'il y a une erreur évidente dans ces passages de l'historien du Languedoc. D'un côté, il suppose que Théodebert négligea de soumettre le pays d'Arsat. Ce pays serait donc resté entre les mains des Visigoths, après les conquêtes de ce prince, en 533, et ce seraient les ariens qui auraient érigé ce nouveau diocèse. D'un autre côté il avance que les évêques qui occupèrent le siége d'Arrisitum ne nous sont connus qu'à partir du moment où le pays d'Arsat retomba sous la domination des Francs. Cependant il nomme Déotaire, frère aîné d'Ansbert, comme en occupant le siége en 533. A cette époque, le pays d'Arsat appartenait donc aux Francs, puisque nous en connaissons déjà les évêques. Donc, ou le pays d'Arsat avait toujours appartenu aux Francs depuis la bataille de Vouglé, ou si, en 512, il était retombé aux pouvoirs des Visigoths, Théodebert dut s'en emparer, sans quoi, d'après Vaissette, les évêques qui, pour lors en occupaient le siége, ne nous seraient pas connus.

Armand, dans les tablettes militaires de l'arrondissement du Vigan, s'exprime ainsi : « Clovis, les empereurs romains « et Théodebert, roi d'Austrasie, disputèrent aux Visigoths « la possession du pays dont ils s'étaient emparés dans les « Gaules ; ces derniers perdirent quelques-unes de leurs » conquêtes, et avec elles plusieurs de leurs villes épiscopa-

« les. De nouveaux évêchés furent érigés; celui d'Arrisidium,
« fondé au commencement du sixième siècle, avait pour
« centre la baronnie d'Hierles, etc. »

Il semble faire entendre que cet évêché fut érigé par les Visigoths qui, ayant perdu plusieurs de leurs villes épiscopales, fondèrent de nouveaux diocèses afin de conserver, dans leurs possessions en Gaule, le même nombre de diocèses. C'est aussi la raison que donne Vaissette au sujet de l'érection des évêchés de Maguelonne et d'Elnes. Mais à cette époque, la famille d'Ansbert était dévouée aux rois d'Austrasie, et si l'évêché d'Arrisitum avait été créé par les Visigoths, Déotaire, frére aîné d'Ansbert, n'aurait pas obtenu l'administration de ce diocèse; d'autant plus que les Visigoths professaient l'Arianisme, et que Déotaire était catholique, puisqu'il a été mis par l'église au rang des saints.

L'érection de l'évêché d'Arrisitum doit donc être attribué aux Francs et non aux Visigoths. Ce qui le prouve encore c'est que ce diocèse fut uni et soumis à l'église de St-Etienne-de-Metz, séjour ordinaire des rois d'Austrasie.

D'autres auteurs prétendent que les conquêtes des Visigoths portèrent les Francs à créer l'évêché d'Arisitum afin de conserver la vraie foi parmi les peuples du pays d'Arsat (1) Cette raison ne me paraît pas suffisante, car, le diocèse d'Uzès, dont dépendait le pays d'Arsat, appartenait aux Francs, et les évêques de cette ville n'étaient pas Ariens. Ils auraient donc maintenu la vraie foi dans ce pays comme dans le reste de leur diocèse, sans qu'il eût été nécessaire d'y établir un nouvel évêque. Il a dû y avoir une autre

(1) De Gaujal.

raison qui a présidé à l'établissement de cet évêché, et cette raison je l'ai fait connaître dans la première partie de ce mémoire, en parlant de l'influence de la famille d'Ansbert.

Presque tous les historiens placent l'érection de cet évêché en l'an 533 : le baron de Gaujal le fait remonter à 531. Déotaire, qui en fut le premier évêque, doit être considéré comme le fondateur du bourg d'Arrisitum qu'il fit relever.

Quelques historiens ont prétendu à tort que ce prélat avait été sacré évêque, par Aigulfe, son frère, qui occupait le siége épiscopal de Metz. Le père le Cointe dit, à ce sujet : « Déotaire fut sacré évêque d'Arrisitum par St-Aigulfe, « évêque de Metz, qui était son frère. Que cette parenté, « existât, ou non, toujours est-il que Théodebert, voulant « faire reconnaître la supériorité de sa capitale, attribua « aux évêques de Metz, le droit de sacrer ceux du nouvel « évêché d'Arrisitum. »

L'historien de Nîmes dit à ce sujet : « Cette prérogative « (le sacre), revenait de droit au métropolitain, c'est-à-dire « à l'archevêque de Narbonne. Celui-ci aurait bien voulu « s'opposer à cet empiétement sur ses priviléges, mais Nar- « bonne étant restée sour la domination des Visigoths, ses « efforts n'eurent pas de succès. La ville de Metz étant le « séjour et la capitale des rois d'Austrasie, il était bien « naturel que Théodebert assurât cet avantage aux prélats « de la ville dans laquelle il faisait sa résidence. » (1)

Que Déotaire ait été sacré évêque d'Arrisitum par l'évêque de Metz, c'est possible ; les passages rapportés le confirment pleinement. Mais que ce sacre lui ait été donné par St-Aigulfe, son frère, c'est là, dit le baron de Gaujal, une

(1) Ménard.

erreur qui ne soutient pas les regards de la critique. En effet, Déotaire monta sur le siége épiscopal d'Arrisitum en 531, ou, au plus tard en 533, et mourut en 572. St Aigulfe ne fut nommé évêque de Metz qu'en 578, six ans après la mort de son frère aîné. Il est donc impossible que Déotaire ait reçu le sacre des mains d'Aigulfe.

Les auteurs de la Gaule chrétienne s'expriment ainsi : « il est très-incertain pour ne pas dire faux, que St Aigulfe « ait consacré Déotaire, évêque d'Arrisitum, puisque lui- « même ne parvint à l'épiscopat qu'après la mort de Déotaire. »

Déotaire mourut en 572 et les cendres de ce confesseur de Jésus-Christ reposent dans le bourg d'Arrisitum. Il a été placé par l'église au rang des saints.

» Après la mort de Déotaire, Mundéric, son neveu, fut » sacré évêque d'Arrisitum par l'ordination de l'évêque de » l'église de Metz.» (1)

Mundéric était l'aîné des fils d'Ansbert. Il était destiné à succéder à Tétricus sur le siége épiscopal de Langres, mais ayant été accusé par Gontran, roi d'Orléans et de Bourgogne, d'avoir fourni des troupes et des vivres à Sigebert, roi d'Austrasie, avec qui Gontran etait en guerre, il fut arrêté par les ordres de ce prince et enfermé dans une tour située sur les bords du Rhône. Il languit deux ans dans sa prison, après quoi il fut délivré par l'intercession de Nicétius, évêque de Lyon. Après deux mois de séjour auprès de l'évêque auquel il était redevable de sa liberté, il se rendit à Metz, auprès de Sigebert, qui lui promit l'évêché d'Arrisitum. Il partit aussitôt pour le pays d'Arsat, où il arriva à ce qu'on prétend, en 569, lorsque

(1) Manuscrit de la bibliothèque de Clermont, rapporté par Gaujal.

Déotaire, son oncle, en était encore évêque. La mort de ce dernier, arrivée en 572, le fit monter sur ce trône épiscopal.(1)

Lorsque la famille d'Ansbert quitta le pays d'Arsat, le diocèse d'Arrisitum fut uni par Théodebert Ier à l'église de Saint-Etienne de Metz. Cette union fut dans la suite ratifiée par Clotaire II qui devint roi de Neustrie et d'Austrasie, lorsqu'Arnoald-Boggis, fils d'Ansbert, était maire du palais d'Austrasie. En 628 cette union fut renouvelée par Dagobert Ier, fils et successeur de Clotaire II, sur la demande de St-Arnoul, fils d'Arnoul Boggis, et petit-fils d'Ansbert.

Sous le pontificat de Mundéric, Dalmace, évêque de Rodez, revendiqua les quinze paroisses du Larzac qui avaient été distraites de son diocèse et unies à l'évêché d'Arrisitum.

Mundéric mourut en 624; il eut pour successeur Emmon, qui n'appartenait pas, à ce qu'on croit, à la famille d'Ansbert. Il assista au concile de Reims en 625. Après Emmon vint Mummolus, qu'on peut considérer comme le dernier évêque d'Arrisitum.

Mummolus était évêque de ce diocèse, lorsque St-Armand évêque de Mastric, avant son départ pour une mission qu'il fit chez les Gascons établis en deçà des Pyrénées, demanda au roi d'Austrasie, Childéric II, la permission de bâtir un monastère dans la partie de l'Aquitaine qui faisait partie des états de ce prince. Le Conseil d'Austrasie lui accorda le lieu de Nant, en Rouergue. Mummolus dans le diocèse duquel se trouvait le lieu de Nant, croyant voir, dans l'établissement de ce monastère, une usurpation à ses droits, s'opposa de tout son pouvoir à l'exécution des projets de St-Armand. On assure même qu'il envoya sur les lieux

(1) Vaissette.

des émissaires chargés de lui ôter la vie s'il ne renonçait à son entreprise. Mais Dieu préserva son pieux serviteur des embûches que lui dressèrent ses assassins, et St-Armand, délivré miraculeusement de leurs mains, fit bâtir son monastère sans obstacles sérieux. (1)

Mummolus n'eut pas de successeurs. Après lui, l'évêché d'Arrisitum fut démembré et les paroisses qui le composaient furent réunies aux diocèses auxquels elles avaient précédemment appartenu, c'est-à-dire le Larzac, à celui de Rodez, et le pays d'Arsat, proprement dit, à celui d'Uzès.

Quelques historiens ont considéré Mummolus comme évêque d'Uzès, mais sans aucune preuve. Nant, qui se trouve sur le Larzac, n'a jamais fait partie du diocèse d'Uzès. Si Mummolus avait été évêque de cette ville, il n'aurait pas eu à s'inquiéter des projets de St-Armand, et il ne lui aurait pas suscité des obstacles pour le porter à renoncer à son entreprise. Le Larzac a toujours fait partie de l'évêché de Rodez ou de celui d'Arrisitum, et puisque Nant se trouvait dans le diocèse de Mummolus, ce dernier qui n'était pas évêque de Rodez, ne pouvait l'être que d'Arrisitum.

Le roi Childéric II, qui avait permis à St-Armand de bâtir un monastère sur ses domaines, mourut assassiné en 673. Il était monté sur le trône en 670. A cette époque l'évêché d'Arrisitum existait encore, puisque Mummolus en était évêque. Ce ne fut donc que vers la fin du 7e siècle qu'il fut démembré; il avait eu une durée d'un siècle et demi environ.

(1) Vaissette.

QUATRIÈME PARTIE

Personnages Célèbres

qui tirent leur origine d'Arrisitum

L'existence d'un évêché aussi obscur que celui d'Arrisitum parait, au premier abord, un objet de peu d'importance dans l'histoire ; mais si l'on réfléchit qu'elle jette un grand jour sur l'origine de St-Arnoul, tige de nos rois de la seconde et peut-être aussi de la troisième race, on conviendra facilement que cette existence et surtout la position du bourg d'Arrisitum, sont des questions du plus haut intérêt.

« Six divers systèmes ont été formés sur les ancêtres » (d'Arnoul.) Le plus probable le fait fils d'Arnoald-Boggis » ou Bodégisile, fils lui-même d'Ansbert. L'évêché d'Arri» situm est, en quelque sorte, l'anneau qui lie l'existence » de cette famille dans la Septimanie, avec son existence à » Metz. On voit, en effet, successivement évêques à Uzès,

» Roricius, fils de Tonance Ferréol, de 506 à 537; Firmin, » neveu de Roricius, de 537 à 533; St-Ferréol, neveu de » Firmin, de 553 à 581, époque à laquelle il fut martyrisé » par les Visigoths, peut-être par vengeance politique autant » que par zèle religieux, et parce que sa famille avait » passé en Austrasie. On voit successivement évêques d'Ar- » risitum, Déotaire, petit-fils de Tonance Ferréol, de 53 1à » 572; et Mundéric, neveu de Déotaire, de 572 à 621. On » voit enfin successivement évêques de Metz, Aigulfe, petit- » fils de Tonance Ferréol, de 578 à 599. Arnould-Boggis, » neveu d'Aigulfe, de 599 à 607; St-Arnould, fils d'Arnould » Boggis, de 611 à 626, et St-Clodulfe, fils de St-Arnould, » de 650 à 690. Arrisitum est uni et soumis à l'évêché de » Metz, malgré la distance et l'incommodité, uniquement » parce que les prélats qui gouvernaient les deux diocèses » appartenaient à la même famille.

« Il n'en faudrait par davantage pour établir historique- « ment la migration de cette famille de la Septimanie dans « l'Austrasie; mais quand des circonstances aussi probantes « sont corroborées par des manuscrits extrêmement anciens, « qui font descendre St-Arnoul de Ferréol, cette opinion paraît « hors de doute. J'ajouterai seulement qu'indépendamment « des manuscrits de Clermont-d'Auvergne, de St-Sympho- « rien, dans les abbayes de St-Vincent de Metz, il en est « de Muri et d'Engelberg, en Suisse, et dans la bibliothèque « impériale de Vienne, qui sont du 9e et 10e siècle, et qui « tous s'accordent dans cette généalogie et la rapportent « exactement de la même manière. Le poëme de *Origine* « *gentis Francorum*, qui est de 810, établit pareillement « cette descendance. Enfin, nous trouvons de plus en Rouer- « gue les traces d'une fille d'Ansbert, Sainte Tarsicie, qui « vécut dans une grotte près de Rodelle, dont le corps fut

« transféré au monastère de St-Sernin, sous Rodez, et qui « fut canonisée. La tradition vient ici à l'appui de l'histoire : « la mémoire de cette sainte est encore en vénération dans « les alentours du lieu qu'elle habitait. Comment une fille « d'Ansbert serait-elle venue se consacrer à la vie érémi« tique en Rouergue, si quelqu'un de ses parents n'eût « résidé dans ce pays ou dans les environs? Et comment « Arnoald-Boggis, frère de Tarsicie serait-il devenu maire « du palais d'Austrasie, et évêque de Metz ; comment Saint« Aigulfe, son oncle, aurait-il eu cet évêché avant lui, si « son frère ou lui-même n'avait quitté son pays, pour s'at« tacher au service du roi d'Austrasie? Mais l'histoire de « Tarsicie prouve, non seulement que son père avait aban« donné Trévidon pour aller habiter Metz, mais elle indique « encore l'époque où il y transféra son domicile. Deux » auteurs nous apprennent, l'un, (Bollandus) qu'elle était « née en Germanie, l'autre (Bosc), qu'elle accompagna son « frère Mundéric en Rouergue, pour se soustraire aux « poursuites d'un prince qui la recherchait en mariage à « la cour d'Austrasie. Ce fut vers l'an 569 que Mundéric « fut nommé évêque d'Arrisitum et sacré dans ce même « lieu. En supposant que Tarsicie fut alors âgée de 19 ans, « elle était née en 550 : son père habitait donc Metz avant « cette époque, il est probable que c'est vers celle de l'érec« tion de l'évêché d'Arrisitum, c'est-à-dire lorsqu'il était « lui-même âgé de trente ans, qu'il y avait fixé son séjour. » (1) Saint Arnoul était donc petit-fils d'Ansbert, cette descendance parait hors de doute. Mais revenons à Tonance Ferréol :

Moreri, dans son dictionnaire historique, dit, au mot

(1) De Gaujal, de l'évêché d'Arrisitum, page 193 et suivante.

Ferréol, que Tonance Ferréol naquit au château de Trévidon, « non loin des perfides Ruthènes » (1) qu'il fut préfet du prétoire des Gaules, dignité dont Ferréol son père avait été revêtu avant lui, sous l'empire d'Honorius. Le premier Tonance Férréol était si recommandable par sa naissance qu'on disait que le nombre des sénateurs et des triomphes de sa maison pouvait être compté par celui de ses aïeux. Il épousa Papianille, fille de l'Empereur Avitus, que Sidoine appelle : la gloire de son sexe.

Tonance Ferréol II, épousa la fille du consul Afranius Siagrius, de laquelle il eut Ferréol III, dont Sidoine fait les plus grands éloges, à cause de son inclination et de son amour pour les lettres, et Roricius, qui fut évêque d'Uzès de 506 à 537.

Ferréol II était préfet du prétoire des Gaules, lorsqu'Attila s'avança vers la Loire et vint mettre le siége devant Orléans. Voyant le danger qui menaçait la Gaule, il persuada les peuples qui l'habitaient, de joindre leurs forces à celles d'Aétius, maître de la cavalerie romaine, pour s'opposer tous ensemble à leur ennemi commun. Cette persuasion qu'il sut amener à bon terme, en délivrant la Gaule des incursions de ce barbare, rendit Ferréol si recommandable à tous, que les Gaulois le regardèrent depuis comme leur libérateur. Les romains qui en faisaient grand cas, se servirent de lui dans les affaires les plus difficiles, qu'il sut toujours faire réussir.

Dans l'exercice de ses fonctions, il s'attira l'estime, l'affection et les applaudissements des peuples par les soins qu''il prit de les soulager et de diminuer les impôts dont dont ils étaient accablés. Il se porta dans la suite pour

(1) Sidoine Appollinaire.

accusateur contre Arvande son successeur dans la préfecture des Gaules, coupable de péculat et de lèze-majesté. Arvande fut condamné, par le Sénat, à perdre la tête par la main du bourreau, mais Sivande fit changer cette peine en exil.

Tonance Ferréol, habitait Nimes, et avait une maison de campagne à Prusian, sur les bords du Gardon : C'est là qu'il reçut Sidoine Appollinaire, son allié. Dans sa vieillesse, il prit le chemin des Cevennes, et vint s'établir à Trévidon, fuyant la domination des Visigoths qui s'étaient emparés de la ville de Nimes. C'est dans ce château qu'il passa les dernières années de sa vie.

Ferréol III, son fils, épousa Deutérie, fille du roi Clovis. Il eut d'elle 4 fils selon les uns et 5 selon les autres, savoir : Déotaire, Ansbert, Firmin, Aigulfe et Gamard, dit Baban ; il eut encore deux filles, dont les noms ne nous ont pas été conservés.

L'évêché d'Arrisitum fut, comme il a été dit, érigé sur la demande d'Ansbert et en faveur de Déotaire qui en occupa le siége de 53 à 572.

Ansbert, que les historiens donnent pour chef à la famille des rois de la seconde et même de la 3ᵉ race, était le second fils de Ferréol III. Il posséda le pays d'Arsat et habita Trévidon. Après avoir obtenu l'érection de ses terres en évêché, il vint s'établir à Metz, auprès des rois d'Austrasie. Il fut élevé à la dignité de sénateur et qualifié du titre de duc d'Austrasie, titre qui passa à sa postérité. Il épousa Blitilde, fille du roi Clotaire Iᵉʳ.

Firmin, 3ᵉ fils de Ferréol, succéda à son oncle Rorice à l'évêché d'Uzès, qu'il occupa de 537 à 553. Il a été placé par l'Église au rang des saints.

Aigulfe ou St Aigulfe, parvint à l'évêché de Metz, en 578 et en occupa le siége jusqu'en 599.

Quelques historiens donnent un 5e fils à Ferréol ; ce serait Gamardus, père de St-Goéric. St-Goéric fut successivement comte d'Alby, gouverneur de l'Albigeois et enfin évêque de Metz en 627. D'autres font Gamardus père du patrice Mummol.

Ansbert eut 4 enfants, trois fils et une fille, savoir : Mundéric, Arnoald-Boggis ou Bodegisile, St-Ferréol et Ste-Tarricie.

Mundéric succéda à Déotaire son oncle, à l'évêché d'Arrisitum.

Arnoald-Boggis habita Metz; il hérita du titre d'Austrasie, fut élevé à la charge de maire du palais, et parvint enfin à l'évêché de Metz en 599, à la mort de St-Aigulfe son oncle. Il fit ratifier par Clotaire II, roi de Neustrie et d'Austrasie, l'union de l'évêché d'Arrisitum, à l'église de St-Etienne de Metz, ce qui prouve que le pays d'Arsat faisait toujours partie des domaines de cette famille. Il mourut en 607.

St-Ferréol, troisième fils d'Ansbert, fut élu évêque d'Uzès à la mort de St-Firmin, son oncle, arrivé le 11 octobre 553. Il conserva cette dignité jusqu'en 581, époque à laquelle il fut martyrisé par les Visigoths autant par vengeance politique que par zèle religieux. St-Ferréol ainsi que St-Firmin son oncle, avait été élevé à Uzès, sous les yeux et sous la direction de Rorice, son grand oncle paternel.

On a déjà vu que Tarsicie, fille d'Ansbert, était née en Germanie, et qu'elle était venue en Rouergue, sur les confins du diocèse d'Arrisitum, se consacrer à la vie érémitique.

Jusqu'alors cette famille avait habité le pays d'Arsat et son château Trévidon. Maintenant nous allons la voir définitivement établie à Metz, revêtue des premières charges de l'état, et bientôt nous la verrons assise sur le trône de France.

Arnoald Boggis ou Bodégisile eut d'une femme appelée Ode, un fils qui fut St-Arnoul. L'union de l'évêché d'Arrisitum à St-Etienne de Metz fut ratifiée en 628, par le roi Dagobert Ier sur la demande de St-Arnoul. En admettant que St-Arnoul eut été étranger à la famille d'Ansbert, quel intérêt aurait-il eu à ce qu'Arrisitum fut uni à l'église de Metz, dont il n'était plus évêque? Cette demande n'était-elle pas une nouvelle preuve qu'Arnoul appartenait à la famille d'Ansbert et que le pays d'Arsat était toujours la propriété de Tonance?

Après avoir été l'ami de Clotaire II, le précepteur de Dagobert Ier, investi de la charge de Maire du palais, qualifié du titre de duc d'Austrasie et enfin élevé à l'évêché de Metz, St-Arnoul se retira dans les Voges en 626 où il mourut en 640.

Avant d'être évêque il avait eu deux fils de Dode son épouse: Ansigise et Clodulfe.

Ansigise ou Anchise épousa Beyga, fille de Pépin de Landen. De ce mariage qui unit les deux chefs de l'aristocratie Austrasienne, naquit Pépin qui prit le nom d'Héristal, d'une métairie qu'il habitait sur les bords de la Meuse.

Ansigise fut tué en 679.

St-Clodulfe, autre fils de St-Arnoul, fut Maire du palais d'Austrasie et évêque de Metz de 650 à 690, époque de sa mort. Il laissa un fils nommé Martin, qui fut duc d'Austrasie, et qui, avec son cousin Pépin d'Héristal, furent proclamés ducs des francs d'Austrasie dans l'assemblée qui condamna Dagobert II. Martin mourut en 681.

Pépin d'Héristal gouverna la Neustrie et l'Austrasie avec le simple titre de maire du Palais. Il mourut en 714, laissant deux fils, Charles et Childebrand, qu'il avait eus d'une première femme, nommée Alpaïde, qu'il avait épousé sous le régime de sou et denier. Ce mariage ayant été déclaré illégitime par les évêques, il avait épousé en second lieu Plectrude de laquelle il eut un fils nommé Grimoald qui fut considéré comme héritier légitime, au préjudice de Charles et de Childebrand, qui furent considérés comme illégitimes, grâce aux idées morales plus élevées, qu'avait fait naître le christianisme. Grimoald mourut assassiné dans une église de Liége, ne laissant qu'un fils encore enfant appelé Théodebald.

Charles, soupçonné de complicité dans le meurtre de Grimoald son frère fut jeté en prison, et Pépin en mourant légua son autorité à son petit-fils Théodobald, alors âgé de six ans. Mais son jeune âge le fit exclure de la Mairie. On lui préféra Charles, fils aîné de Pépin, connu dans l'histoire sous le nom de Charles Martel. Charles Martel fut père de Pépin le Bref, premier roi de la seconde race et père de Charlemagne.

La famille d'Ansbert, qui avant 550, avait quitté le pays d'Arsat et son château Trévidon situé sur les anciennes dépendances d'Arrigas, devint, en 752, c'est-à-dire deux siècles après, famille souveraine. Trévidon a donc été le berceau de la famille Carlovingienne.

Il est aussi fort probable que nos rois de la troisième race descendent d'Ansbert. Nous avons vu que Pépin le Gros ou d'Héristal avait eu deux fils de sa première femme, savoir :

Charles et Childebrand. Ce dernier serait le chef, la tige de la famille des Capétiens. Telle est l'opinion de plusieurs historiens très-recommandables. Qu'il me soit permis de rapporter l'opinion de certains auteurs, au sujet de cette descendance.

« Childebrand était fils de Pépin le Gros, et frère de « Charles Martel, Il est, selon quelques auteurs, la tige « des rois de France de la troisième race. Il eut souvent « le commandement des troupes sous Charles Martel, et il « les conduisit avec courage. » (1)

Bouillet dit dans son dictionnaire historique : « Robert « le fort, tige des Capétiens, était suivant les uns, Saxon « d'origine, suivant les autres, issu de Childebrand, frère « de Charles Martel. »

Moreri, dans son dictionnaire historique, dit au mot Childebrand :

« Childebrand, fils de Pépin dit le Gros, descendant de « Ferréol, préfet du prétoire des Gaules, et d'Alpaïde, était « frère de Charles Martel, qui lui donna souvent le soin de « commander ses troupes : Il est la tige de nos rois de la « troisième race. Frédégaire et son continuateur témoignent « cette vérité en termes très-clairs, ce qui est de même « rapporté dans le supplément de Grégoire de Tours, c. 109 « et 110. Ce Childebrand fut frère de Nibelon, celui-ci de « Tiebert ou Théodebert, comte de Madrie, qui est un petit « pays en Normandie entre Evreux et Vernon. Après lui « on met Robert I, puis Robert II, dit le Fort, puis Robert « III, sacré roi de France le 29 juin 922. Ce roi fut père « de Hugues-le-Grand, et celui-ci d'Hugues Capet, de qui « nos rois très-chrétiens de la 3ᵉ race descendent. Cette

(1) Chronique de Riches Tome I page 17.

« vérité est généralement approuvée par nos plus savants « généologistes, du Chesne, du Bouchet, Ste-Marthe, Cholet, « Dominici, le P. Pierre de Ste-Catherine, Thomas d'Aquin, « que les curieux pourront consulter. »

Comment, après de telles autorités, pourrait-on encore douter de la véracité de cette descendance? Il parait hors de doute que Robert le Fort tige de nos rois de la 3e race descend de Childebrand qui avait pour ancêtres Ansbert et Tonance Ferréol, et pour origine le château de Trévidon, situé sur l'ancienne paroisse d'Arrisitum. Cependant je dois ajouter que parmi les auteurs modernes, plusieurs combattent cette généalogie. Ainsi, Lavallée, dans son histoire de France dit que Robert le Fort était un aventurier de race Saxonne et de naissance infime.

On lit dans l'histoire de France d'Hubault et Marguerin, page 111 : « Les opinions diverses énoncées au sujet du « père de Robert le fort ne sont plus de mise depuis qu'on a trouvé le fragment de la chronique de Richer qui précise ce point » et ailleurs, à la même page « Robert le fort...., était le fils d'un simple franc, Witikind » .

Examinons la chronique se Richer : « L'an 888 de l'in-« carnation du Seigneur, le quinze février, jour de jeudi, « les grands, réunis dans la basilique de St....,Elurent, d'une voix unanime, Eudes, homme de guerre d'une grande « valeur ; Eudes était fils de Robert de l'ordre équestre, « son grand-père paternel fut Witichin, germain de nation » (1)

L'opinion de Richer est sans doute d'un grand poids; mais celle de Frédégaire, surnommé le scholastique n'est pas de moindre valeur. Il faudrait peut-être même lui

(1) Lavallée histoire de France page 111.

donner la préférence, car on sait qu'il écrivit par le commandement de Childebrand une chronique qu'il commença là où se termine l'histoire de Grégoire de Tours, chronique qui a été continuée jusqu'à la mort de Pépin le bref.

Si Frédégaire a écrit par le commandement de Childebrand, nul, mieux que lui, n'a connu ce frère de Charles Martel, et nul ne peut mieux connaître la vérité sur sa descendance. Eginard, l'auteur de la vie de Louis le Débonnaire et les écrivains d'annales de l'époque ont connu, Théodebert, fils de Nébelong et petit-fils de Childebrand, qui fut à son tour père de Robert le fort. Après de telles autorités cette descendance me paraît hors de doute, et je n'hésite plus à dire que Hugues Capet, comme Pépin le Bref descend de la famille de Tonance Ferréol et d'Ansbert, et que le berceau de ces deux familles royales a été Trévidon.

Les deux opinions émises au sujet des ancêtres de Robert le fort, un des aïeux d'Hugues Capet, pourrait bien peut-être se concilier. Il pourrait bien se faire que le père de Robert, qu'on le nomme Théodebert ou Witikind, eut été à la fois d'origine saxonne ou germaine, et issu de Childebrand.

On a déjà vu que Ste Tarsicie, fille d'Ansbert, était née en Germanie. Ce qui prouve que cette famille avait des propriétés au-delà du Rhin, et qu'Ansbert venait de temps en temps y goûter les douceurs de la retraite. Nous voyons ensuite St-Arnoul, se retirer dans les Voges, probablement pour finir ses jours sur ses terres, et loin des intrigues de la cour. Mais les montagnes des Vosges ont des ramifications en Germanie, et rien ne prouve que ce ne fut pas là que vint s'établir ce seigneur.

Jusqu'au 5e siècle, il y avait la grande Germanie, qui s'étendait au-delà du Rhin, et la petite Germanie, située en deçà du même fleuve, et qui comprenait le pays arrosé par la Moselle, la Meuse et l'Escaut.

Au 6e siècle, c'est-à-dire après les invasions des barbares, la grande Germanie fut partagée entre différents peuples, tels que les Frisons, les Saxons, les Angles, les Thuringiens, etc, et la petite Germanie fit partie du royaume des Francs. D'après les passages que j'ai rapportés, ce serait chez les Saxons établis en Germanie que serait né Robert le Fort ; mais la Saxe arrivait au Rhin et presque à la Meuse, et c'est là précisément où se trouvaient les domaines que la famille d'Ansbert possédait en Germanie, puisque Pépin, petit-fils de St-Arnoul, prit le nom d'Héristal, d'une métairie qu'il habitait sur la Meuse.

Ce qui sert à établir surtout que cette famille avait des propriétés sur les bords du Rhin, c'est que Ste-Tarsicie, fille d'Ansbert, était née en Germanie.

A la mort de Charles Martel, son frère aurait bien pu, à l'exemple de ses ancêtres, se retirer dans ses terres, pour y vivre tranquille, loin du soin des affaires et des intrigues de la cour, sa famille s'implanter sur ses domaines, et lorsque, un siècle plus tard, Robert le Fort revint en France, pour combattre les Normands, être considéré comme d'origine Saxonne, puisqu'en effet, il était né dans la partie de la Germanie qui avait pris le nom de Saxe ; mais il n'en aurait pas moins été issu de Childebrand, comme nous l'assurent des auteurs contemporains très dignes de foi. Si Robert le Fort quitte son pays pour venir défendre la France, menacée par les Normands et ravagée par eux, c'est qu'il sentait un sang français couler dans ses veines et qu'il considérait encore cette contrée, comme sa patrie d'origine. Si cette famille avait été tout à fait Saxonne, comment aurait-elle possédé le duché de Paris? Et Robert aurait-il inspiré assez de confiance aux successeurs de Charlemagne pour être chargé de la conduite des troupes, s'il n'avait été qu'un étranger?

Eudes, fils de Robert le Fort, est élu roi de France par les seigneurs qui le proclament d'une voix unanime; mais ces seigneurs qui étaient si jaloux de toute autorité, auraient-ils posé la couronne sur la tête du fils d'un étranger quel qu'eût été son mérite personnel, et auraient-ils consenti à fléchir le genou devant lui?

« A la mort d'Eudes, Robert, son frère, renouvela les prétentions de sa maison à la couronne » Quelles prétentions aurait pu avoir cette famille à la couronne, si son père n'avait été qu'un simple étranger? Plus tard, à la mort de Louis V, arrivée en 987, Hugues Capet, fils de Hugues le grand, et arrière petit-fils de Robert le Fort, « rassemble « à Noyon les principaux seigneurs de la France septen« trionale, est élu roi et sacré par Adalbéron, évêque de « Laon » (1)

« Mettons à notre tête, dit ce prélat, un chef illustre « par ses actions, sa noblesse, ses soldats, qui sera un pro« tecteur, non seulement de l'état, mais des intérêts privés » (2)

(1) Chronique de Richer rapportée par Lavallée dans son hist. de fr. tome 1 page 110.

(2) On appelait feu grégeois un feu découvert par Callinique, architecte syrien qui vint s'établir à Constantinople. On le soufflait par un tuyau, et sa composition était telle que l'eau, et tout ce qui éteint les feux ordinaires, ne faisaient qu'en augmenter la violence. Les grecs qui en firent

Hugues Capet aurait-il appartenu à une famille assez noble, assez illustre, pour mériter le suffrage de tous les seigneurs si son trisaïeul n'avait été qu'un simple Germain? A cette époque où les seigneurs français se disputaient entre eux pour la moindre autorité, pour le plus petit titre, la couronne n'aurait pas été donnée d'abord au fils, ensuite à l'arrière petit-fils « d'un aventurier d'une race saxonne et de naissance infime. »

Robert le fort fut placé à la tête de nos troupes parce qu'il appartenait à la famille qui avait donné à la France Pépin d'Héristal, Pépin le Bref, Charles Martel et Charlemagne; son fils fut proclamé roi de France par tous les seigneurs, parce qu'il était de la famille des premiers Carlovingiens, Robert, son frère, renouvelait les prétentions de sa famille à la couronne parce qu'il sentait couler dans ses veines le sang des Charles Martel et des Charlemagne; enfin Hugues Capet fut choisi pour chef de la 3e race de nos rois, parce que ses aïeux allaient se confondre dans la personne de Tonance Ferréol et d'Ansbert, avec ceux de la famille Carlovingienne. Donc, les uns et les autres descendaient des anciens possesseurs du pays d'Arsat, des anciens propriétaires de Trévidon, et l'ancien bourg d'Arrisitum était le lieu de leur origine commune.

Quelques historiens ont prétendu qu'Ansbert descendait d'Auberon qu'on donne pour fils à Clodion.

« Aétius, dit Chateaubriand, dans son analyse raisonnée

d'abord usage, et qui le mirent au nombre des secrets de l'état furent pendant longtemps, en état de brûler sur mer les flottes ennemies et surtout celles des Arabes d'afrique et de Syrie qui venaient jusqu'à Constantinople. Lors des croisades, les francs, qui eurent d'abord beaucoup à souffrir de ce feu, apprirent à le composer, à le lancer et même à l'éteindre.

» de l'histoire de France, chassa Klodion de ses conquêtes » en deça du Rhin et Klodion mourut en 447 ou 448. Les » uns lui donnent deux fils, les autres trois, parmi lesquels » se trouvait Auberon, dont on ferait descendre Ansbert, » tige de la famille de la seconde race.»

Si Auberon, qu'on donne pour fils à Clodion, était un ancêtre d'Ansbert, il aurait dû l'être de Tonance Ferréol grand-pére d'Ansbert, et alors tous les rois qui auraient gouverné la France depuis Clodion jusqu'à Louis-Philippe, auraient appartenu à la même famille. Mais, sans examiner si Ansbert descendait d'Auberon, nous pouvons assurer qu'il descendait de Clovis, par sa mère, Deutérie, fille de ce roi et femme de Ferréol III. Ansbert, petit-fils de Clovis, par sa mére, devint le gendre de Clotaire Ier, par suite de son mariage avec Blitilde fille de ce roi. Cette difficulté a été suffisamment éclaircie dans l'ouvrage que Louis Chantereau le Fèvre a publié sur le mariage d'Ansbert et de Blitilde.

Donc, les rois de la seconde et de la troisième race qui descendent de Tonance et d'Ansbert, descendent aussi du côté maternel, de Clovis et de Clotaire, et Clovis devient ainsi le chef des trois dynasties ou races royales de la France, et les Mérovingiens, les Carlovingiens et les Capétiens ne sont que des branches d'une seule et même famille et ne forment qu'une seule et même race.

La famille de Tonance Ferréol et d'Ansbert a été sans contredit la plus illustre, non-seulement du pays d'Arsat mais de la France entière, Après elle, ce pays a été occupé et possédé par des maisons de la plus haute distinction, telles que la maison de Roquefeuil, la baronnie d'Hierles, la famille d'Albignac et celle de la Tour Lisside, branche de la grande famille de la Tour d'Auvergne. Qu'il me soit permis de donner un résumé succint des alliances de ces familles seigneuriales.

Ce fut vers les commencements du dixième siècle que les seigneuries particulières s'établirent. Parmi les plus considérables de la province on cite celles de Sauve et de Roquefeuil. Le château de Roquefeuil était situé au sommet du St-Guiral, et sur le territoire de la paroisse d'Arrigas.

« St-Guiral, dit le docteur Rouger, sommet le plus élevé » de la montagne de Roquefeuil, est à l'extrémité ouest de » la chaine de l'Espérou; ce sommet qui est un des » signaux de Cassini, est terminée par une roche nue, » en forme de pain de sucre, d'un abord très-difficile et » périlleux; au pied de cette roche est une chapelle et » un ermitage dit de St-Guiral, qui, avant la révolution » était habité par un solitaire.... La montagne de Ro» quefeuil tire son étymologie de roc feuillé, à cause des » bois épais dont elle était autre fois couverte; elle donna » son nom à une terre très considérable, titrée de mar» quisat, anciennement possédée par des maisons de la » plus haute distinction. On voit encore des restes de mu» raille au-dessus du rocher, sur lequel la tradition nous » apprend qu'il existait un château qui fut détruit par » le feu grégeois. (1) Une pierre, placée dans la chapelle, » à côté de l'autel, porte qu'elle fut construite par Cam» becèlés, ermite qui y fut assassiné. » (2)

La chapelle dont parle le docteur Rouger n'existe plus,

(1) Rouger docteur au Vigan. typographie statistique de la ville et du canton du Vigan.

(2) Notice de l'académie du Gard pour l'année 1810 page 108.

mais on en voit encore les ruines; l'hermitage a aussi disparu, mais depuis quelques années on a construit au pied du roc et dans la direction du sud-ouest, une masure qui est, par intervalle, habitée par un solitaire.

L'ermitage de St-Guiral n'était pas seulement habité par un solitaire; il résulte d'une lettre adressée à M. Barraly, prieur d'Arrigas, par l'évêque d'Alais, au sujet d'une contestation qui s'était élevée entre le prieur et les prêtres qui desservaient cette chapelle, qu'à St-Guiral il y avait deux prêtres et un frère. La présence de deux prêtres à St-Guiral ne paraîtra pas surprenante, si l'on veut bien observer que la mémoire de ce saint est en grande vénération dans toutes les paroisses environnantes, et qu'on s'y rend en procession, chaque année, le lundi de pentecôte, d'Alzon, de Sauclières, de St-Jean-du-Bruel, de Dourbies et d'Arrigas Le sommet de cette montagne se trouve à 1378 mètres au dessus du niveau de la mer. (1)

A côté du rocher de Saint-Guiral proprement dit, se trouvent deux roches détachées qui portent le nom de Roquefeuil, comme pour perpétuer le souvenir de l'ancien château qui s'élevait en cet endroit. De ces roches à celle dite de St-Guiral, on aperçoit encore les vestiges d'un chemin ou fossé, où l'on a trouvé des fragments d'une poterie grise.

» La baronnie de Roquefeuil formait, sur les frontières » du Languedoc et du Rouergue, une terre très considérable » dont faisait partie, dans le diocèse de Nîmes, les châteaux » de Valleraugue et de Paules, et dans celui de Mague-

(1) de Gaujal.

» lonne, la terre de Bressac et d'autres qui étaient con» tigües depuis Sumène jusqu'à la mer.» (1)

Un prélat illustre, dont la mémoire est en grande vénération dans tout l'ancien pays d'Arsat, St-Fulcrand, évêque de Lodève, appartenait à la famille de Roquefeuil. « Par son testament daté du 4 février 988 ce » prélat dispose d'une partie du château de Roquefeuil, » situé sur la partie de l'ancien diocèse de Nimes qui » forme aujourd'hui celui d'Alais, et qui confine avec » le Gévaudan, le Rouergue et le diocèse de Lodève.» (2) Ce qui indique d'une manière précise le château qui s'élevait au sommet de la montagne de St-Guiral.

La mère de St-Fulcrand à laquelle les uns donnent le nom d'Eustorge et les autres celui de Biligarde, était fille d'un comte de Subtancion ou de Maguelonne, et sœur de Bernard Ier, comte de Nimes. Fulcrand nomme dans son testament Pons et Aranfred, qui étaient ses frères. On lui donne encore deux sœurs qu'on assure avoir été dames de Montpellier et avoir donné l'origine à cette ville qui, jusqu'au Xe siècle n'était encore qu'un simple village. (3)

La famille de Roquefeuil s'allia avec celle de Sauve et d'Anduze, dont les seigneurs prenaient le titre de Satrapes, et dont l'un d'eux, Pierre Bermond, avait épousé la fille de Raymond IV, dit le vieux, comte de Toulouse, veuve en premières noces de Sanche VIII, roi de Navarre : Toutes ces familles possédaient leurs biens en alleu, et ne reconnaissaient pas de Suzerain. (4)

(1) Vaissette.

(2) Vaissette.

(3) Armand, tablettes militaires.

(4) de Gaujal.

Ce fut en 1120 qu'Adélaïde de Roquefeuil épousa Bermond, seigneur de Sauve, d'Anduze et de Meyrueis, quatrième descendant de Bernard, marquis d'Anduze, issu des vicomtes de Nimes. Une des conditions de ce mariage fut que les enfants qui en proviendraient porteraient le nom de Roquefeuil. A partir de cette époque, cette famille prit le nom de Sauve, d'Anduze de Roquefeuil.

« La terre de Meyrueis, dont Bernard d'Anduze était seigneur, comprenait dans ses dépendances, le château de Peyrelade, celui d'Algue, et toute la contrée située entre le Tarn et la Dourbies. Sur ce point elle était limitrophe de celle de Roquefeuil.

Par suite de cette alliance, la maison de Sauve et de Roquefeuil s'étendit sur une étendue de pays d'autant plus considérable qu'elle y joignit le vicomte de Creissels. Ce vicomté comprenait depuis les Infruts et Cornus jusqu'à la Panouse de Cernon, plus au nord du Tarn, Marzials et Roquetaillade et enfin tout le Larzac. (1)

Du mariage de Bermond avec Adélaïde naquit Raymond, qui épousa Guillelmette, fille de Guillaume VII, seigneur de Montpellier et de Matilde, fille du duc de Bourgogne. Ces ducs de Bourgogne descendaient du roi Robert, fils de Hugues Capet. Henri, 3e roi de la race des Capétiens et petit-fils d'Hugues Capet, après avoir vaincu son frère Robert qui lui disputait le trône, à Villeneuve-St-Georges, lui céda en 1,032, le duché de Bourgogne comme apanage. Ce Robert est la tige de la première maison de Bourgogne, qui a subsisté jusqu'en 1361. Par ce mariage la famille de Sauve, Anduze et Roquefeuil s'allia avec celle des Capets.

(1) de Gaujal.

« Guillelmette, qui fut promise à Raymond en 1169, lui apporta en dot cent marcs d'argent fin. Cette dot et son douaire furent assignés sur diverses terres, et Bermond et Adélaïde promirent de donner pour caution 20 chevaliers de leurs terres. Pour sûreté de cette promesse, ils livrèrent seize otages pris dans les maisons les plus distinguées du pays. »

« Raymond eut, de Guillelmette, un fils auquel il donna son nom. Ce dernier eut une fille qui, en 1230, épousa Hugues IV, comte de Rodez, auquel elle porta en dot le vicomté de Creyssels, et les baronnies de Meyrueis et de Roquefeuil. La baronnie de Roquefeuil, qui comprenait dans ses terres une partie de la paroisse d'Arrigas, passa dès-lors dans le comté de Rodez, duquel elle dépendit pendant quelque temps.

« En 1204, Marie de Montpellier, nièce de Guillelmette, épousa Pierre II, roi d'Aragon. Devenue reine, Marie substitua (en 1209 et 1211) tous ses biens à ses deux cousins germains Raymond II et Arnaud de Roquefeuil, fils de Raymond I et de Guillelmette. C'est, comme le remarque certains auteurs, l'époque de la splendeur de cette maison. Un troubadour du Rouergue, Dieudonné de Pragues, nous apprend qu'une grande naissance, d'illustres alliances et une fortune considérable n'étaient pas les seuls titres de ces deux frères (Raymond et Arnaud) aux hommages qui leur étaient adressés. Voici ce qu'il disait en 1223, à une de ses pièces poétiques : « Chanson, si tu veux prospérer dans les bonnes cours, fais-toi amie des frères Roquefeuil en qui reside mérite et vertu. » (1)

Quoique le château de Roquefeuil s'élevât sur le terri-

(1) De Gaujal.

toire de la paroisse d'Arrigas, il n'y avait que la partie nord-ouest de cette paroisse qui dépendit de ce marquisat; la majeure partie relevait de la baronnie d'Hierles qui dépendait directement de la couronne. On n'a aucune donnée précise sur les barons d'Hierles. Cette absence de documents doit être attribuée : 1° Aux guerres continuelles que se faisaient entre eux ces nobles châtelains; 2° Au passage de Rohan qui détruisit, par le fer et le feu, tout ce qui osa lui résister; 3° enfin, à la fureur populaire qui, à l'époque fatale de 1789, s'acharna à faire disparaître tout vestige de noblesse et de féodalité. Ces manoirs féodaux, dans lesquels se trouvaient sans doute des documents précieux pour l'histoire, devinrent la proie des flammes et ces chartes de famille furent perdues sans retour. En l'absence de ces matériaux historiques, on est aujourd'hui forcé pour ces histoires particulières, d'avoir recours à la tradition, toujours si précieuse dans ces sortes de questions.

Le château d'Hierles s'élevait sur la montagne de St-Pierre au quartier appelé valat d'Hierles. Outre le nom d'Hierles donné au quartier et au ruisseau qui l'arrose, le domaine voisin porte le nom de Condamine, (le champ du seigneur) ce qui indique bien la présence d'un seigneur dans les environs.

Les armoiries de cette famille étaient un champ d'azur parsemé de fleurs de lys d'argent. Une tradition rapporte que les vassaux de cette baronnie venaient, au milieu de l'hiver présenter leurs hommages au baron et lui offrir une rose. Au jour fixé, le baron quittait sa résidence, se dérobait soigneusement à leurs recherches, et allait, malgré les rigueurs de la saison, et lorsque l'état des eaux le permettait, faire une promenade nautique sur la rivière de Barailles, dont on aperçoit encore des traces dans les environs des Pises. Ce suzerain exerçait ainsi la patience de ses vassaux qui étaient obligés de se porter à sa rencontre et d'attendre la fin de sa promenade. Il croyait rendre ainsi plus précieux l'hommage qu'il en recevait.

En 1232 la baronnie d'Hierles fut donnée par St-Louis, à la maison de Sauve et d'Anduze par une charte datée du camp devant Joppé. Dès lors, la famille d'Anduze et Roquefeuil acquit l'entière possession de cette baronnie.

« En 1,032, la famille Roquefeuil fit, selon l'usage établi dans ces maisons seigneuriales, des donations considérables à l'église de St-Guilhem-du-désert. Dans la suite elle en fit aussi à l'abbaye de Sylvanès, et enfin elle fonda au pied de l'Aigoual, le chapitre de Notre-dame de Bonheur, composé de six chanoines, dont l'occupation principale était d'attirer à eux, par le son des cloches, les voyageurs égarés dans les neiges et de leur donner l'hospitalité.» (1) La tradition rapporte qu'une dame de Roquefeuil, s'étant égarée sur l'Aigoual, ne put retrouver qu'avec peine le chemin de son château. Elle ordonna de placer sur les bords du chemin de grandes pierres, posées perpendiculairement sur le sol et destinées à guider les pas des voyageurs. Quelques-unes de ces pierres sont encore telles qu'elles furent placées. Non contente de cette précaution, elle fonda le chapitre de Notre-Dame-de-Bonheur, à l'endroit où, retrouvant son chemin elle s'était écriée, dans un transport de joie : Dieu, quel bonheur!

Lorsqu'éclata la guerre des Albigeois, les barons de Roquefeuil prirent partie pour le comte de Toulouse, leur allié. Plus tard, Arnaud de Roquefeuil fit partie de l'ambassade qui, en 1331, détacha la maison d'Aragon du parti

(1) armand tablettes militaires de l'arrondissement de Vigan.

des Anglais. A la funeste journée de Poitiers, ce seigneur signala son zèle et sa bravoure en combattant à côté de son roi. (1)

La famille des Roquefeuils comptait, parmi ses alliances, les rois de France, les ducs de Bourgogne, les princes de la maison de Bourbon, les empereurs de Constantinople, les comtes de Toulouse, les comtes de Rodez, les rois d'Aragon, les comtes d'Armagnac, les Buissons de Bournazel, les Périgord, les Rochechourd et la plus haute noblesse; elle donna une aïeule à Henri IV, le roi populaire, et au siècle de Louis XIV un digne émule de Jean-Bart et de Dugay-Trouin, dans le vicomte de Roquefeuil qui commandait le vaisseau l'Expédition, lorsque avec du Couëdic de Kergoualer il fut envoyé à la découverte d'une division anglaise prête à quitter Porsmouth. (6 octobre 1779.) Ces deux vaisseaux rencontrèrent sur la Manche deux vaisseaux anglais de même force, envoyés aussi en reconnaissance. Un combat terrible s'engagea; les deux officiers français se couvrirent de gloire. Du Couëdic mourut des suites de ses blessures, et le vicomte de Roquefeuil fut élevé au grade de capitaine de vaisseau, quoiqu'il eut à peine 30 ans. Aujourd'hui encore, l'armée a, dans ses rangs plusieurs officiers qui portent dignement ce nom, et l'un d'eux, mort glorieusement au siége de Sébastopol, a mérité que son nom fut inscrit dans nos fastes militaires, à côté de ceux de ses ancêtres illustres.

La famille de Roquefeuil avait une monnaie frappée à son coin. Tobiesan Duby a fait connaître deux de ces pièces qui étaient dans son cabinet. L'une est une obole, l'autre un denier de billon. Ces pièces portaient pour légende :

(1) Armand tablettes militaires de l'arrondissement du Vigan.

Rocafoliem pour Rocafolium (Roquefeuil,) et au revers, lex prima M. (moneta.) Dans le champ se trouvait, d'un côté une croix, de l'autre le monogramme R., que Tobias au Duby interprète Raymond. On pense généralement qu'on ne peut attribuer ces pièces qu'à un des deux Raymond vicomtes de Creyssels. (1)

Lorsqu'Arrigas cessa d'appartenir à la famille de Roquefeuil, il devint la propriété des Dalbignac. Cette famille, originaire des contrées qu'arrose le Tarn, vint posséder l'ancien siége d'Arrisitum : Elle dut même s'allier avec les Roquefeuils. Je n'ai vu, à la vérité, aucun titre qui rapportât cette alliance, mais comment les d'Albignacs auraient-ils possédé Arrigas, propriété des Roquefeuils, autrement que par une alliance? D'un autre côté, on sait que le chapitre de Notre-Dame-de-Bonheur a été fondé par une dame de Roquefeuil, et les d'Albignac attribuent cette fondation à un de leurs ancêtres. Il existe même au château de Mandagout des titres qui attribuent cette fondation à un d'Albignac. Voilà, ce me semble, l'alliance suffisamment indiquée.

On voit encore, en 1626, d'Albignac (Charles) chassé de son château du Pont-d'Arre par le duc de Rohan, aller s'enfermer avec ses vassaux, dans le château de Creyssels, propriété des Roquefeuils, pour essayer de sauver ce manoir menacé par le chef des Camisards. L'empressement de Charles d'Albignac à aller défendre le château de Creyssels ne fait-il pas supposer que ces deux familles avaient des intérêts communs à défendre? Du reste on verra que les d'Albignac se sont montrés les dignes émules de Roquefeuil.

Lorsque le duc de Rohan, à la tête de ses coréligionnaires arriva dans les Cevennes, le château du Pont-d'Arre était

(1) Gaujal.

habité par Charles d'Albignac, lieutenant-colonel au régiment d'Enghien. Rohan, voulant s'emparer de Meyrueis, assigna pour rendez-vous, aux troupes qui devaient faire partie de l'expédition, la montagne de l'Espérou. De là, les Camisards venaient faire de fréquentes excursions dans le village d'Arrigas, ou dans les hameaux qui en dépendent, particulièrement dans ceux qui se trouvent au pied de la montagne. Le souvenir de ces visites nocturnes est resté profondément gravé dans l'esprit des habitants. Charles d'Albignac défendit ses terres de son mieux; il y eut beaucoup de rencontres dans lesquelles on se battit avec acharnement. (1) Mais en 1626, au mois d'octobre, le duc de Rohân s'empara de son château du Pont-d'Arre, et de là vint mettre le siége devant l'église fortifiée d'Arrigas « qui incommodait la viguerie du Vigan. » S'en étant emparé, il ordonna la démolitation du village, mais il ne put jamais obtenir que les habitants de l'ancien Arrisitum renonçassent à la foi de leurs pères. Rohan, continuant sa route, vint mettre le siége devant le château de Creyssels, bâti sur un rocher isolé, coupé à pic, et inabordable autrement que par un pont. « Ce château, » propriété de la famille de Roquefeuil, qui commandait le » cours du Tarn, au-dessous de Milhau, fut démoli en grande » partie en 1633, par ordonnance royale. » (2)

Rohan fut prévenu par Charles d'Albignac qui, ayant levé à la hâte une troupe parmi ses vassaux d'Arrigas, qu'il prit à sa solde, était venu se jeter dans le château de Creyssels

(1) Divers endroits sont encore cités comme ayant été les lieux de ces rencontres, entre autres la fraîchure, campbel, le champ des batailles, le champ de Louise, où la tradition rapporte que d'Albignac tua un des chefs des camisards.

(2) de Gaujal.

qu'il voulait défendre. Il enjoint à ses soldats de se coucher derrière les parapets des remparts et d'attendre ses ordres. Les soldats de Rohan arrivent et s'approchent du château; mais lorsqu'ils ne sont qu'à une très petite distance, ils sont assaillis par une vive fusillade qu'ils reçoivent à bout portant, et qui détermine leur retraite. Ils s'éloignent, laissant huit cents des leurs étendus morts sur le champ de bataille. D'Albignac qui s'attendait à une nouvelle attaque de la part des ennemis prend à la hâte ses précautions pour les recevoir en conséquence. Il fait porter sur les remparts d'énormes poutres, des chaudières d'huile bouillante, destinées à être lancées sur les assaillants. Il recommande de nouveau aux siens de ne faire feu que lorsque l'ennemi sera à une petite demi-portée. Tout fut inutile; Rohan s'éloigna de la place pour n'y plus reparaître. Cette victoire que les habitants d'Arrigas commandés par M d'Albignac, remportèrent sur les troupes de Rohan, eut pour résultat le maintien de la foi catholique dans tous les villages environnants.

Quelque temps après, le duc de Montmorency vint féliciter Charles d'Albignac, au nom du roi Louis XIII, et lui remit le brevet de baron d'Arre et la lettre suivante consignée dans les tablettes militaires de l'arrondissement par Armand :

« Mons d'Arre, ayant sçu que vous avés fait paraître de « votre générosité et courage en la défense de notre château « de Creyssels, au siége qui en a été fait depuis naguère « par le duc de Rohan, et les preuves que vous m'avés « rendues de votre affection et fidélité, au bien de mon ser- « vice, en une occasion tant importante, je vous ai fait « cette lettre pour vous témoigner le contentement qui m'en

« demeure et vous assurer que je conserverai la mémoire « de ce particulier service pour le reconnaître par les effets « de ma bienveillance, quand s'en offrira sujet. Avec, je « prie Dieu, Mons d'Arre, vous avoir en sa sainte garde. « Écrit au camp devant la Rochelle, le 26 Octobre 1628. « signé, Louis; et plus bas Philippeaux. »

M. le comte de Pégueirolles est complétement dans l'erreur quand il attribue le fait d'armes de Creyssels à un autre qu'à Charles d'Albignac, seigneur d'Arrigas, qui habitait le château du Pont d'Arre. La famille des d'Albignac d'Arrigas a longtemps possédé la lettre de Louis XIII. que nous venons de citer, et ensuite c'est depuis cette époque que cette famille porte le titre de baron d'Arre qui lui fut décerné par le roi en cette occasion. C'est donc Charles d'Albignac, seigneur d'Arrigas, qui arrêta la marche de Rohan et pas un autre.

Quoique Arrigas fut la propriété particulière du baron d'Albignac, il dépendait de la Viguerie du Vigan pour toutes les affaires de quelque importance. Lorsque le duc de Montmorency fut disgràcié pour avoir embrassé le parti qui voulait exclure du ministère et chasser de la cour le cardinal de Richelieu, il fit tous ses efforts pour entraîner dans sa rebellion les principales villes de la province. « La Viguerie « du Vigan s'assembla le 3 Août 1632, pour entendre la « lecture d'une lettre de ce seigneur; elle y répondit « en jurant de rester fidèle au roi et en offrant ses soldats « au maréchal de la Force; elle lui offrit en effet un corps « de 600 hommes » (1) pour la formation duquel toutes les paroisses dépendantes de la Viguerie concoururent —

(1) Armand.

Arrigas, dans cette circonstance dût fournir un corps de 600 hommes.

Après que son château du Pont-d'Arre eut été détruit par Rohan, la famille d'Albignac vint habiter son château d'Arrigas, situé au centre du village. Elle se voua d'une manière presque exclusive, à la carrière des armes, donna un cardinal à l'église et neuf officiers supérieurs à l'armée. L'un d'eux, Jean d'Albignac, seigneur d'Arre, épousa Yolande, fille de Pierre, seigneur de Mandagout et fut habiter le château de Mandagout que ses descendants possèdent encore. La famille de Mandagout avait donné un cardinal à l'église, et Adélaïde de Mandagout avait épousé, en 1703, le seigneur de Sauve et d'Anduze. Elle était donc alliée avec les premières maisons de la province et était digne que la famille d'Albignac recherchât son alliance.

Arrivons au dernier des d'Albignac, d'Arrigas, qui a égalé et surpassé tous ses ancêtres.

D'Albignac (Louis-Alexandre) fils de Louis d'Albignac d'Arre, ancien capitaine d'infanterie, et d'Elisabeth de Quatrefages, naquit à Arrigas, dans ses terres, le 22 mars 1739. Le 25 décembre 1755, à l'âge de seize ans, il fut nommé, dans le régiment de Hainault, infanterie, lieutenant de la compagnie que commandait le chevalier de Vanderbourg. En 1756 il passa à Minorque avec son régiment et se trouva au siége du fort St-Philippe. Le régiment de Hainault ayant été réformé après la guerre de sept ans, il fut nommé sous-lieutenant au régiment de Boulonnais (1er juillet 1763) et passa en Amérique. Bientôt après on lui rendit son premier grade de lieutenant.

Il fut ensuite nommé commandant de la Pièvre d'Istria, en Corse, et en exerça les fonctions jusqu'au 30 décembre

1772, époque à laquelle il fut nommé lieutenant-colonel du régiment de Pondichéry. Il commanda ce corps en l'absence de colonels jusqu'en 1778. Ce fut pendant cette année que d'Albignac, à la tête d'une garnison de 700 hommes soutint les efforts du général anglais Munro, qui à la tête de 22 mille hommes vint mettre le siége devant Pondichéry. Malgré cette infériorité, il obtint la capitulation la plus honorable. En récompense de sa belle conduite, le roi le nomma colonel du régiment de Pondichéry, brigadier d'infanterie dans les colonies, (22 août 1780) et lui accorda une pension de 2,400 francs sur le trésor royal (décision du 3 mars 1781).

Ce combat n'était que le prélude des exploits glorieux qui devaient signaler d'Albignac à l'admiration publique. La France ne possédait, dans les Indes, que la seule place de Goudalour, que le colonel d'Albignac défendait avec une armée de 9,500 hommes. Le 13 juin 1783, le général anglais Stuart, à la tête d'une armée de 17,700 hommes, s'avance pour l'enlever. Le colonel d'Albignac accepte le combat et parvint par sa valeur et son courage à repousser l'ennemi après un combat acharné qui dura 4 heures.

La brigade d'Austrasie que d'Albignac commandait en personne, venait de rentrer dans ses retranchements, lorsqu'on vit reparaître deux colonnes ennemies. Aussitôt d'Albignac à la tête de sa brigade, charge les colonnes ennemies à la bayonnette, mais avec une impétuosité telle que ces colonnes s'entremêlèrent et furent repoussées dans les bois d'où elles sortaient. Pendant qu'il les poursuivait, deux autres colonnes anglaises débouchent sur un autre point, et s'établissent dans nos retranchements. D'Albignac en étant informé, rallie sa brigade d'Austrasie, vole à nos retranchements, et l'ennemi, après le combat le plus opiniâtre, abandonne les retranchements et se retire.

Ainsi d'Albignac, par sa valeur, sauva notre unique possession dans les Indes, sauva l'armée française et permit au Bailli de Suffren, auquel il donna 1200 de ses soldats pour compléter ses équipages, de battre Hugues, amiral anglais.

Après des exploits si héroïques, d'Albignac devait s'attendre aux plus brillantes récompenses. Il n'en fut pourtant rien; une intrigue, soutenue par le crédit d'un jeune seigneur, jaloux de la gloire que ce brave officier venait de s'acquérir, lui en déroba le véritable prix. D'Albignac reçut pour toute récompense une pension de 4,000 fr. sur le trésor royal et une autre de 1,000 fr. sur les invalides de la marine en considération *de ses services distingués et du desintéressement qu'il avait montré pendant toute la guerre*, mais il n'eut d'autre avancement que celui d'être nommé brigadier du département de la guerre (1er décembre 1783.) Et cependant le maréchal de Castries, ministre du roi, lui écrivit le 8 septembre 1785 : vous avez mérité le cordon rouge.

Le 28 octobre 1784, le Bailli de Suffren, cet illustre homme de mer, lui écrivait :

« Je n'ai pas été assez heureux pour vous voir le 13 « juin ; mais tous ceux qui vous ont vu, ont parlé de vous « avec enthousiasme, toute l'armée convient que vous avez « acquis la plus grande gloire, et je suis encore à concevoir « comment vous n'êtes pas le plus récompensé. Votre « valeur a été brillante, les récompenses devaient l'être. »

Le 9 mars 1788 M. d'Albignac fut nommé maréchal de camp et le 8 novembre 1790, il fut employé, en cette qualité, dans la 9e division militaire de l'intérieur. Dans ce poste pénible il sut s'attirer la confiance de tous. Par sa sagesse et sa fermeté, il dissipa les attroupements de Jalès, de St-Ambroix et de Barjac, et mérita, dans cette circonstance les éloges du roi lui-même.

Il fut ensuite envoyé à Avignon pour faciliter l'incorporation du Comtat Venaissin à la France, mais bientôt après il obtint, sur sa demande, d'entrer dans le Gard. Le 22 mars 1792, il fut nommé lieutenant-général de la réserve de l'intérieur du midi de la France. Il avait pour attribution spéciale le maintien de la tranquillité publique. et là, comme ailleurs, il sut s'attirer l'estime de tous. Il reçut, du comte Boissy d'Anglas, la lettre suivante, qui est un témoignage authentique de sa noble conduite :

« Je saisirai toutes les occasions de publier ce que j'ai « vu de votre glorieuse conduite ; vous méritez à tant de « titres, la bienveillance des départements méridionaux, que « je remplis un devoir en rappelant les services que vous « leur avez rendus, et je le fais avec d'autant plus de « plaisir, que j'acquitte ma dette personnelle » .

Lorsque la guerre se ralluma, le général d'Albignac reçut l'ordre de se rendre à l'armée des Alpes qu'il commanda, par intérim, en l'absence du général en chef Kellermann; le 8 avril 1793, il passa à l'armée du Rhin, où il ne resta que jusqu'au 1er juin suivant. Enfin le 9 thermidor an 7 (27 juillet 1799), il fut appelé, par arrêté du directoire exécutif, au commandement de la 10e division militaire, et le 27 avril 1801, il quitta définitivement le service.

Au printemps de 1808, une garde d'honneur, composée de cavalerie et d'infanterie, se forma dans le Gard, de l'élite des citoyens. On choisit à l'unanimité le général d'Albignac pour commandant en chef. Quoique âgé de 60 ans, ce vieux guerrier parut à la tête de cette garde superbe avec ce feu, cet éclat, qui accompagnent partout le véritable militaire. Ensuite il se retira au Vigan où il jouit, au sein de sa famille et de ses amis des douceurs de la vie privée, et des illusions de la gloire, passion des âmes généreuses et la dernière dont les sages parviennent à se dépouiller. Il mourut en 1823, ne laissant pour héritier de sa fortune et de sa gloire qu'un neveu, M. de la Tour Lisside qui, après s'être élevé au grade de capitaine d'artillerie, s'était, jeune encore, retiré du service, et vivait dans son château de la Houche, à 4 lieues de Toulouse. Le général d'Albignac était chevalier de l'ordre royal et militaire de St-Louis, chevalier de la légion d'honneur, membre du collége électoral du département du Gard, et cordon rouge depuis 1814.

Au 17e siècle, une branche de la famille de la Tour d'Auvergne vint s'établir à Aumessas, habita le Frayssinet, dont ses descendants jouissent encore, posséda la baronnie de Lisside, et prit le nom de la Tour Lisside, qu'elle porte actuellement.

En 1444, la famille de la Tour d'Auvergne s'était alliée avec les vicomtes de Turenne, qu'on appelait les nobles vicomtains et qui avaient le droit de faire des nobles et de battre monnaie. Anne de la Tour d'Auvergne épousa Anne, vicomtesse de Turenne. C'est de cette famille que naquit Henri de la Tour d'Auvergne, vicomte de Turenne, le plus grand général du grand siècle de Louis XIV. Après avoir donné ce grand capitaine, le sauveur, la gloire de la France, cette famille donna encore à la révolution le 1er grenadier de France que Napoléon regardait comme au-dessus de toutes les récompenses militaires, et qui, aussi modeste que brave, voulut toujours rester simple capitaine de grenadiers. La famille de la Tour Lisside s'allia avec les Caladon et les d'Albignac, et ce fut parmi les enfants de son beau-frère que le général d'Albignac se choisit un héritier.

Marc-Antoine de la Tour Lisside, s'adonna, jeune encore, à la carrière des armes, et arriva rapidement au grade de capitaine d'artillerie. Lorsqu'éclata la révolution française il était à Toulouse. Les circonstances lui permirent de faire éclater sa générosité et sa grandeur d'âme. L'époque de la terreur était arrivé ; la France entière était couverte d'échafauds, et tout ce qui jouissait de quelque considération était menacé par la hâche révolutionnaire.

Un ancien membre du parlement de Toulouse, du syndicat de Montpellier M. Boutonnier, est arrêté, traduit devant une commission militaire, pour s'y voir condamné à perdre la tête. Dans cette horrible situation, il implore la protection et l'appui du capitaine de la Tour Lisside. Ce brave guerrier, qui sentait couler dans ses veines, le sang des d'Albignac et des la Tour d'Auvergne, résolut d'exposer son avenir et même sa vie pour sauver l'innocence en péril. Profitant de l'ascendant que ses talents militaires lui avaient donné sur tous ses compagnons d'armes, il prend hardiment la défense de son protégé, et est assez heureux pour lui sauver la liberté et la vie. M. Boutonnier qui appartenait à une des familles les plus recommandables du Languedoc et qui jouissait d'une fortune considérable, choisit le capitaine de la Tour pour son gendre.

Mais il répugnait à un cœur plein d'honneur et de loyauté de servir sous un gouvernement révolutionnaire, et la crainte d'être obligé de prêter son concours à quelques démarches peu franches, le décida à quitter le service. Il se retira, avec sa femme Angélique Boutonnier, dans ses terres de la Houche. Sa retraite fut d'abord mal interprétée par son oncle, le général d'Albignac qui lui témoigna une cer.

taine froideur. Revenu bientôt à des sentiments meilleurs il rendit justice à son neveu, et le choisit à sa mort pour son légataire universel.

Alors on vit venir ce brave capitaine, accompagné de sa digne épouse, passer la belle saison dans ses terres d'Arrigas, et les courtes apparitions qu'ils firent dans ce village resteront à jamais gravées dans le cœur de ses habitants.

Enfin, en 1848, il mourut à son château de la Rouche. Il fut assisté, dans ses derniers moments par son neveu, Adrien Coudere de la Tour Lisside, chanoine théologal au chapitre de Nimes, et dont l'église de Nimes a eu, il y a quatre ans, a regretter la perte.

Le chanoine Coudere était né à Arrigas. La famille de la Tour Lisside est sur le point de s'éteindre faute de descendants.

Alanche né au hameau d'Estelle, commune d'Arrigas, entra au service en 1810, en qualite de remplaçant. Après avoir fait les campagnes du premier empire et celle de Grèce, il s'éleva, par sa bonne conduite, au grade de capitaine, et à la dignité de chevalier de la légion d'honneur. Il se retira à Séez-sur-mer (Var) où il est mort depuis quelques années.

Casimir Boudes, né à Arrigas, conduit par sa piété et son amour pour Dieu, quitta sa famille pour entrer dans l'enseignement, en qualité de frère de la doctrine chrétienne. Après quelques années passées dans l'accomplissement de toutes les vertus, il partit pour les missions de l'Asie. Guidé par l'amour qui consumait son cœur, il fut visiter Jérusalem et tous les lieux immortalisés par la vie et la mort du Sauveur. Il revint ensuite à Alexandrie, où il mourut, et son corps fut déposé dans les caveaux de cette ville.

ÉPILOGUE

En écrivant ces quelques pages, j'ai voulu payer une dette de reconnaissance et d'amour envers le pays qui m'a vu naître. Combien de fois, en traçant ces lignes mon esprit ne s'est-il pas reporté aux jours heureux de mon enfance; où plein de candeur et d'ingénuité, j'allais, dans nos vallons solitaires, écouter le doux murmure des eaux, le tendre souffle du zéphir, le chant du rossignol et de la fauvette! Combien de fois n'ai-je pas pensé á ces tendres et nobles cœurs qui veillaient alors sur moi avec tant de sollicitude; à ce bon père, á cette tendre mère, qui vécurent tranquilles dans ces vallons enchantés, goûtant au sein de la famille, le calme et le bonheur le plus pur! Hélas ils ne sont plus, mais leur souvenir ne s'effacera jamais de ma mémoire, et il sera toujours bien cher à mon cœur! Et toi, cher pays, où la providence voulut placer mon berceau, tu ne seras jamais oublié! Mon cœur te conservera un bien vif souvenir. Heureux si, comme l'oiseau voyageur je pouvais venir un jour mourir sous le chêne paternel, et mêler, dans le sol sacré qui m'a vu naître, ma cendre à celle de mes pères! Et cependant ce travail entrepris pour te témoigner mon affection et mon amour, et auquel j'étais heureux de consacrer mes moments de loisir, était destiné à rester inconnu. Mais sans connaître ces quelques pages que ton souvenir m'avait inspirées, on a voulu les critiquer d'une manière si amère, que mon cœur, dans l'amour qu'il te porte, a pris le parti de livrer au public ce qui devait n'être connu que de lui. On a voulu méconnaître le sentiment qui m'avait animé et me refuser l'honneur d'avoir travaillé pour toi. Mon travail a été attribué à un autre, et je dois aujourd'hui, pour ton honneur et pour le mien, revendiquer pour moi *et pour moi seul*, l'honneur d'avoir jeté un coup d'œil sur ta gloire passée et protester avec toute l'énergie dont je suis capable, contre cet attentat. Voilà pourquoi je m'empresse de livrer à l'impression un travail qui est exclusivement le mien. Mais ce ne sera pas la dernière preuve de mon affection. Aujourd'hui j'ai retracé ta gloire passée, bientôt je chanterai la beauté de tes rivages, les frais ombrages de tes bois, la limpidité de tes ruisseaux, l'agréable aspect de tes montagnes. Aujourd'hui je te consacre le fruit de ma mémoire, bientôt ce sera les accents de ma muse. Adieu et à bientôt.

FIN

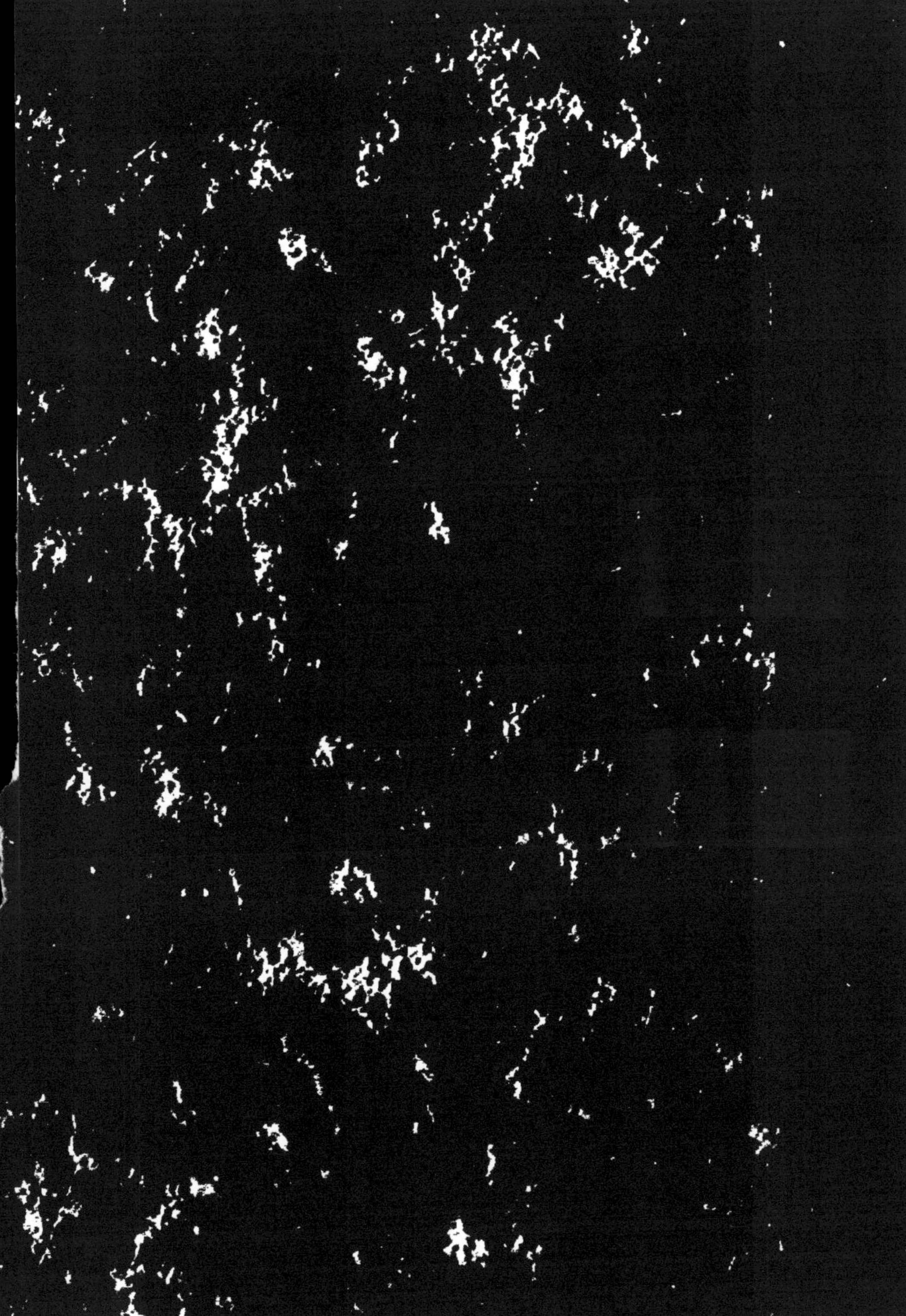

www.ingramcontent.com/pod-product-compliance
Ingram Content Group UK Ltd.
Pitfield, Milton Keynes, MK11 3LW, UK
UKHW012232240726
13966UKWH00003B/1059